"¡No pude de dejar de leer este libro ni por un segundo! La historia en sí es cautivadora, y la sabiduría es eterna".
—Thurl "Big T" Bailey, músico y ex estrella de la NBA

"Andy Andrews nos trae su mensaje de éxito en una forma muy entretenida, intrigante e inspiradora. No pude dejar de leerlo. Necesitaba saber a dónde me llevaría y cómo terminaría. El diálogo es fluido y natural. Los personajes son muy reales y los ejemplos históricos son cautivadores, al grado que se conectan con las experiencias y el conocimiento del lector".
—Peter Boespflug, director de Comunicaciones
    de los Maestros Unidos del Estado de Nueva York

"En estos tiempos de bombardeo constante por parte de alimento espiritual sin valor, de desviaciones mentales y de inmoralidad descarada, es refrescante encontrarse con algo que es nutritivo, sustancial e inspirador. ¡Gracias, Andy Andrews!"
—Pat Boone, artista

"Es raro encontrar un libro que uno no quiere que acabe, un libro donde uno saborea cada página, donde la lectura se hace más lenta cuando se acerca el final. La increíble percepción de las siete decisiones que determinan el éxito y la encantadora habilidad de Andy para contar un relato hacen de El regalo del viajero uno de esos libros especiales escasos".
—Scott Jeffrey, autor de Journey to the Impossible

"Andy Andrews tiene un talento obvio y encantador para entretejer una historia irresistible con personajes que son comunes e impresionantes a la vez. El regalo del viajero me impactó de una forma como ningún otro libro lo ha hecho".
—Barbara Johnson, humorista y autora del éxito de librería
    Siembre un geranio en su cráneo

"Una verdad increíble dicha de una manera creativa".

—Nicole Johnson, actriz y autora del libro *Fresh-Brewed Life*

"En El regalo del viajero, Andy Andrews ha entrelazado mágicamente principios de éxito y de verdad, que han creado un resurgimiento de introspección dentro de mí. Cada persona que lee este libro debiera comprar un ejemplar para un amigo y ver los cambios positivos que ocurrirán".

—B.P. Loughridge MD, cirujano cardíaco, erudito europeo y autor

"Siguiendo la tradición de Og Mandino, Andy Andrews ha creado un relato de moralidad implícita. El regalo del viajero es un libro para meditar que le desafiará a alcanzar su potencial más alto".

—John C. Maxwell. autor y fundador del grupo INJOY.

"La jornada de David Ponder en El regalo del viajero hablará a su corazón, iluminará su manera de pensar y motivará su vida. Este librito presenta un mensaje poderoso".

—Norm Millar, presidente de Interstate Batteries

"¡El regalo del viajero es ciertamente un regalo para todo aquel que quiera tener éxito en la vida. Entretejidos en este relato tan entretenido, están siete principios poderosos pero a la vez prácticos, que pueden cambiar su vida para siempre!"

—Don Moen, vicepresidente ejecutivo de Integrity Media

"¡Un viaje por la autopista del tiempo donde cada capítulo te lleva a un destino de comprensión y de éxito personal. Muy al estilo de Carlos Dickens!"

—Michael Panapento, director de operaciones del teatro WorkPlay Inc.

"El regalo del viajero es extremadamente poderoso. Me está ayudando en mi vida profesional y personal. Me ha impactado realmente de una forma positiva. No dudo que este libro tocará muchísimas vidas".

—Theresa Reagan, directora ejecutiva del Centro educativo
de salud para niños

"¡En este libro de pocas páginas pero no obstante portentoso, Andy usa un relato con el cual trae a nuestro entorno consejos muy importantes para quienes queremos buscar un mejor camino. De los labios de uno de nuestros mejores presidentes viene el tipo de consejo que usted siempre ha necesitado pero que nunca se ha tomado el tiempo de escuchar. Obtendrá sabiduría en unas pocas horas con este libro!"

—Tim Sanders, oficial en jefe del departamento de soluciones de Yahoo y autor del libro *Love is the Killer App: How to Win Business and Influence Friends*

"*El regalo del viajero nos provee un mapa poderoso y convincente para guiarnos por las autopistas de la vida*".

—John Schuerholz, gerente general de los Atlanta Braves

"*¡Un nuevo enfoque para cambiar su manera de pensar! El regalo del viajero, lo estimulará a vivir a su potencial máximo*".

—Dr. Robert Schuller, fundador de la Catedral de Cristal

"*Me embelesó. Andy Andrews capturó mi corazón con El regalo del viajero*".

—Gary Smalley, autor y orador

"*El libro de Andy Andrews El regalo del viajero, respalda algo que yo he creído desde hace mucho tiempo: ¡Las bases que fundamentan el éxito no han cambiado en más de 6.000 años! Vale la pena leer el libro de Andrews; pondrá tu mente a trabajar y llenará de inspiración tu corazón*".

—Hyrum W. Smith, copresidente de la junta directiva de Franklin Covey

"*Una percepción excelente transformada en verdades fabulosas. ¡Un libro que todos deben leer!*"

—Kris L. Thompson, director de la división de artistas asociados de Visión Mundial

$\mathscr{E}l$
REGALO DEL
VIAJERO

✢

ANDY ANDREWS

CARIBE-BETANIA
Una División de Thomas Nelson, Inc.
The Spanish Division of Thomas Nelson, Inc.
www.caribebetania.com

Caribe Betania Edirores

© 2004 Editorial Caribe, Inc.
Una división de Thomas Nelson, Inc.
Nashville, TN, E.U.A.
www.caribebetania.com

Título en inglés: *The Traveler's Gift*
© 2002 por Andy Andrews
Publicado por Thomas Nelson Publishers

A menos que se señale lo contrario, todas las citas
bíblicas son tomadas de la Versión Reina-Valera 1960
© 1960 Sociedades Bíblicas Unidas en América Latina.
Usadas con permiso.

Traductor: *Omar Díaz de Arce*

Diseño y tipografía:
A&W Publishing Electronic Services, Inc.

ISBN: 0-88113-788-X

Impreso en E.U.A.
Printed in U.S.A.

Dedicado a
Robert D. Smith,
un campeón
y la inspiración
para este libro

En una gran obra, algo continúa. En grandes campos, algo queda. Las formas cambian y pasan, los cuerpos desaparecen, pero los espíritus tardan en marcharse mientras consagran un terreno para la visión del alma. Hombres y mujeres reverentes desde tierras distantes. Generaciones que no nos conocen, ni nosotros a ellas, vendrán aquí a reflexionar y a soñar y el poder de la visión se adherirá a sus almas.

JOSHUA LAWRENCE CHAMBERLAIN, 1828-1914

UNO

LAS LUCES DEL TAXI ALUMBRARON LA CASA MIENTRAS SE ALEJABA de la entrada de la entrada para automóviles. David Ponder estaba parado solo sobre su césped delantero mirando hacia la casa donde él y su esposa, Ellen, habían vivido durante más de veinte años. David se inclinó sobre la hierba. La nausea lo invadió mientras sentía que el pánico le llegaba hasta el alma. Como una serpiente que trepaba por su espalda y se enroscaba en su cuello, no se trataba de un ataque rápido y devastador, sino de una lenta y abrumadora realización de que la vida, tal cual la conocía, había terminado. Tenía cuarenta y seis años. No tenía trabajo. No tenía dinero. No tenía un propósito en la vida.

Poco tiempo después, David se paró en el pasillo de la habitación de su hija. Hacía exactamente un mes desde que la había visto despierta. En los últimos tiempos, su horario de trabajo había sido frenético. Como un último esfuerzo para salvar a su empleador de perder la compañía, a menudo salía de la casa antes que amaneciera y rara vez regresaba antes que su familia se hubiera ido a la cama. Varias veces en algunas de las últimas semanas no había regresado de noche a la casa.

David puso cuidadosamente su maletín junto al tocador y avanzó hacia la cama. La respiración de su única hija parecía retumbar en la tranquila habitación. Hincándose de rodillas, David alcanzó a acariciar su cabello. Era tan suave. La lamparilla de Cenicienta que atesoraba desde su cuarto cumpleaños derramaba un angélico halo de luz sobre su rostro perfecto. Jennifer Christine Ponder. "Mi pequeña Jenny", murmuró. David recordaba el momento exacto en que ella había nacido... doce años atrás hoy. Echó una mirada al reloj sobre la mesa de noche: 2:18 a.m. *Está bien*, pensó con desagrado, *así que hizo doce años ayer*. Una lágrima se deslizó por su mejilla.

"¿David?" Era Ellen. Entrando a la habitación, tocó su hombro. "Pensé que te oí llegar. ¿Está todo bien?"

David alzó la vista al rostro de su esposa. Su cabello estaba desordenado por el sueño, y como es natural, no tenía puesto maquillaje alguno. Vestía una larga camiseta blanca que contrastaba con su oscura cabellera de corte mediano. Tenía soñolientos sus ojos castaños, pero estaba para él tan bella como el día que se habían conocido veinticinco años atrás.

Ellen se arrodilló junto a su esposo. Con sus dedos, le arregló el cabello de la frente.

"David", dijo de nuevo, "¿estás bien?"

Él tomó con sus dos manos la de ella, la llevó a sus labios, y le dijo simplemente: "No".

A las 5:00 a.m., Ellen descansaba dormida sobre un costado con la cabeza sobre el pecho de David. Éste yacía boca arriba, y se preguntaba cómo era posible que ella durmiera. No estaba seguro de poder volver a dormir alguna vez de nuevo. Durante casi dos horas, le contó a Ellen todo lo que había ocurrido esa noche.

Esa misma tarde, David y un equipo de gerentes se habían reunido en el salón de conferencias para ejecutivos. A las cinco, comenzaron a hacer llamadas telefónicas, solicitando fervorosamente el apoyo de los accionistas. Era un último y desesperado esfuerzo para prevenir una compra hostil por parte de un conglomerado predatorio. La noticia final llegó al salón de conferencias poco antes de la medianoche. Pese a sus mejores esfuerzos –lágrimas, ruegos, oraciones y maldiciones— el traspaso había tenido lugar. Todas las posiciones ejecutivas y de supervisión en la planta se terminaron con efecto inmediato.

Un guardia de seguridad había entrado en la oficina de David, menos de quince minutos después de la llamada telefónica, y le había ofrecido ayudar para vaciar las cosas de su escritorio. En el transcurso de una hora, David estaba en la casilla del guardia cerca de la entrada de la planta, esperando un taxi. Después de veintitrés años de servicio, se le pidió a David que entregara la llave de su oficina, la llave del gimnasio y la llave del automóvil de su compañía.

Mientras yacía despierto, David pensó en su vida. Ellen y él se conocieron un día después de graduarse de la Universidad Estatal de Iowa. David obtuvo un título en administración y estaba decidido a tener éxito en una de las 500 mejores compañías del país, mientras que Ellen, con su título en educación, quería enseñar. Fueron novios dos años. A menudo la gente les preguntaba si eran hermano y hermana. La estatura de David era su única diferencia. Él, de un metro ochenta y cinco centímetros de estatura, era más alto que ella, pero el pelo oscuro, los ojos castaños y la constitución delgada de ambos les daban un aspecto similar.

Se hubieran casado antes de no haber sido por la insistencia de David en encontrar un trabajo permanente antes de formalizar la situación. Trabajó en la zapatería de su padre como una medida provisional mientras enviaba su currículum vitae por todo el país. Ellen había enseñado quinto grado durante casi un año cuando aceptaron a David como gerente en adiestramiento en una compañía química de Dallas. Se casaron casi inmediatamente.

David se sumergió en su trabajo. Sintió que había encontrado una posición que le permitiría estar en control del futuro de su familia. Ellen disfrutaba enseñando y dio clases hasta que nació Jenny, y entonces renunció a su trabajo. En el aspecto financiero, la familia luchó un poco con un solo ingreso, pero era un sacrificio que ambos estaban dispuestos a hacer a fin de tener uno de los padres todo el tiempo en casa para cuidar a su hija.

"Ellen", le dijo David mientras ponía su mano en el brazo de ella.

"¿Qué, cariño?", le dijo ella entre dientes.

"¿Está Jenny molesta conmigo?"

"¿Qué?", preguntó Ellen.

"¿Está molesta Jenny porque me olvidé de su cumpleaños?"

Ellen abrazó a David. "No, cariño, Jenny está bien".

"Estoy muy molesto con eso, ¿sabes… Ellen… cariño?

David suspiró. Ellen se había vuelto a dormir. Se podría acabar el mundo y Ellen dormiría sin problemas. Nunca entendió cómo era posible que lo hiciera. Siempre reía y decía que sabía que él se ocuparía de ella. *Si eso es cierto*, pensó David, *¿cómo es que está durmiendo ahora? ¿No es obvio que estoy fallando atrozmente en ese departamento?*

Clavando la vista en la oscuridad, David recordó cuando caminaron en la playa iluminada por la luna de la isla de St. John. Su luna de miel en el Caribe había sido un regalo de los padres de ella. El padre de Ellen poseía un negocio de jardinería y había insistido en tomar de sus ahorros para honrar los comienzos del matrimonio de su hija de una forma especial. Y fue especial. Caminaron por la plaza y hablaron durante muchas horas. En un momento, David recordó que había tomado el rostro de Ellen entre sus manos y le había dicho: "Te prometo todas las cosas", y ella no había reído. Él había hablado en serio y ella lo sabía.

Durante más de diez años habían orado por un hijo, y ahora que Jenny había llegado, sus vidas parecían completas. David puso su energía y foco en proveer un hogar y un estilo de vida en el que prosperara su familia. Pero su trabajo en la planta, aunque les proveía todo lo necesario para vivir, nunca pareció proveerles una vida. Como David le dijera un día a un amigo: "Trabajo tan duro para vivir donde queremos vivir que no tengo tiempo para vivir allí".

A medida que pasaron los años, sus ahorros se agotaron lentamente. Un negocio de computadoras que David organizó con un antiguo compañero de su fraternidad universitaria fracasó en dos años, y las crecientes tasas de interés erosionaron sus inversiones en bienes inmobiliarios. Como consecuencia, el fondo universitario que se había depositado para Jenny cuando esta nació se utilizó para la ortodoncia de ella hacía solo seis meses. David trató de recordar en vano si lo que había pagado al ortodoncista cubría todos los gastos. *Es gracioso las cosas en las que uno piensa en un momento como este*, reflexionó David. *Si no he pagado ya para que se los quiten, Jenny podría estar usando aparatos de ortodoncia cuando tenga treinta años.*

La mente de David derivó de regreso a la playa de San Juan. "Te prometo todas las cosas", había dicho él. Sintió que la bilis le llegaba a la garganta. David miró a Ellen, todavía durmiendo apaciblemente a su lado. *Te prometo todas las cosas*, pensó, *y ahora no te proveo nada*. Rápidamente, David se levantó de la cama, caminó a tumbos hacia el baño y vomitó.

Alrededor de las siete, Ellen se despertó sola. Poniéndose su bata y sus zapatillas, fue a la cocina donde encontró a su esposo sentado a la mesa del desayuno. Le pareció extraño verlo en pantalones vaquero y una camiseta. Durante años David había sido el primero en despertarse en la familia, y a esta hora siempre había estado listo para salir vestido de traje y corbata. Para Ellen era obvio que él no había dormido nada. "Buenos días, querido", dijo ella.

"Jenny no se ha levantado aún", dijo David. "El café está preparado".

Ellen lo observó por un momento. "David", dijo ella, "todo saldrá bien". Él se volvió y miró por la ventana hacia el patio. "David", dijo ella de nuevo, "todo va a salir bien. Hemos pasado tiempos difíciles otras veces".

"Ellen, tengo cuarenta y seis años", dijo David. "No se contratan a ejecutivos de cuarenta y seis años excepto en McDonald's. Sabes que tenemos una segunda hipoteca en esta casa. Tu automóvil no se ha terminado de pagar y ya no tengo otro. No recibo compensación de la planta porque no opté por el acuerdo que ofrecieron el año pasado. No tenemos dinero y no sé dónde puedo pedir prestado. Esto es más que un tiempo difícil y *no* hemos pasado por esto antes".

Ellen preguntó: "Entonces, ¿qué vamos a hacer?"

"No sé", respondió David. "No tengo idea".

DOS

SIETE MESES MÁS TARDE, DAVID SE SENTÍA COMO UN HOMBRE derrotado. La cobertura del seguro de salud de su anterior empleador había llegado a su fin y el trabajo de tiempo parcial que consiguió en una ferretería proveía un poco más que el sueldo mínimo. Ellen ganaba más dinero que él. Había colocado avisos impresos a mano en tableros de anuncios por toda la ciudad y limpiaba casas cinco días a la semana. Todos los días durante meses, David continuó buscando trabajo. El torrente de rechazos, que parecía interminable, lo confundió. *Al menos voy cuesta arriba*, se decía continuamente a sí mismo. *Esto no puede ponerse peor.* Pero sí se puso peor.

Esa mañana había amanecido fría y fea. Tenía todo lo que David odiaba del invierno. El cielo tenía el color del agua sucia, y la temperatura bajo cero, sumada a un viento desagradable, cortaba a David como la estocada de mil cuchillos. Esforzándose por entrar al automóvil usado que había comprado con un préstamo de su padre, David maldecía contra nada y nadie en particular.

El automóvil le parecía a David un recordatorio constante de su fracaso. Había contestado un anuncio del periódico y pagado a un muchacho de la escuela secundaria novecientos dólares por lo que esperaba que fuera un medio de transporte temporal. Era un Dodge Colt de dos puertas, casi todo de color plateado descolorido excepto el guardafango derecho, que era negro. Las luces del freno dejaron de funcionar alrededor de diez minutos después que David completó la venta, y el calentador nunca había trabajado.

Tiritando de frío mientras manejaba hacia el trabajo, la mente de David estaba tan entumecida como su cuerpo. Ellen se había pasado la mayor parte de la noche levantada con Jenny. La niña había tenido fiebre y dolor de garganta desde hacía tres días, y con la falta de sueño ninguno de ellos se sentía bien. Sin embargo, Jenny estaba de verdad enferma. Era la quinta o sexta vez que había estado enferma este invierno. David había perdido la cuenta.

Cuando salió de la ducha esa mañana, escuchó a Ellen colgar el auricular del teléfono. "¿Quién era?", le preguntó David.

"Era una persona de la oficina del doctor Reed", dijo ella. "Tengo que llevar a Jenny para saber qué es lo que anda mal. Los remedios para calmar el dolor no le hacen nada".

"¿Qué clase de padre soy?", dijo David en voz alta, interrumpiendo sus pensamientos mientras estacionaba su automóvil detrás de la Ferretería Marshall. "¿Qué clase de *persona* soy? ¿Qué me ha ocurrido?"

Cuando Ellen mencionó el doctor, él explotó. De dónde creía ella que saldría el dinero, gritó, y como es natural, ella le gritó a su vez que lo robaría si tuviera que hacerlo. Jenny era su hija, vociferó ella. ¿Ya a él no le preocupaba eso? Antes de salir de la casa, David fue a la habitación de Jenny para darle un beso de despedida. Gruesas lágrimas corrían por sus mejillas. Jenny lo había oído todo.

Esa mañana, alrededor de las diez, David estaba cargando tejas en la plataforma de un camión frente a la ferretería. Le agradaba aquella actividad. Las tejas eran pesadas y le daban la oportunidad de enfocar su ira en algo. "¡David!", gritó alguien. David miró hacia arriba. Era el señor Marshall, el dueño del negocio. Un anciano alto y delgaducho con el cabello blanco rizado y nariz colorada. Estaba asomado a la puerta trasera, haciéndole señas a David. "Te llaman por teléfono", dijo en voz alta mientras David pasaba por su lado a zancadas hacia la cálida tienda. "Es tu esposa. No hables mucho tiempo. Te he advertido sobre las llamadas personales".

"Ellen", dijo David al tomar el auricular. "¿Dónde estás?"

"Estoy en casa", dijo ella. "Acabamos de regresar del doctor".

"¿Qué dijo?"

"David, son sus amígdalas".

"¿Está bien?"

Ellen hizo una pausa. "Cariño, el doctor Reed dijo que hay que sacarle las amígdalas. Dijo que es preciso hacerlo de inmediato".

"¡David!"

David miró a su alrededor. Era el señor Marshall. "Vamos, hijo", le dijo. "Tengo a un chofer esperando por ti".

"¿David? ¿Estás ahí?", escuchó a Ellen preguntar a través del teléfono.

"Sí. Sí, estoy aquí", dijo él. "Ellen, no tenemos seguro".

"Ya he averiguado", contestó ella. "La operación, incluyendo el hospital, costará solamente mil cien dólares".

David estaba aturdido. "No tenemos esa cantidad de dinero", dijo él.

"Lo podemos poner en una tarjeta de crédito".

"Oye, David, esta es la última vez que te lo voy a decir. Deja el teléfono", le advirtió el dueño de la ferretería.

David puso sus manos sobre su oído, tratando de concentrarse en la conversación con su esposa. "No tenemos balance para cargar en ninguna tarjeta de crédito, Ellen. Todas las tarjetas están al máximo del crédito".

Ellen comenzó a llorar. "Entonces tendremos que pedir prestado el dinero, David. Jenny está enferma".

"Sé que Jenny está enferma, cariño, pero no podemos pedir dinero prestado. Estamos atrasados un mes en el pago de la casa, dos meses en tu automóvil. Ningún banco nos aceptará. Mis padres no tienen ya dinero que prestar, y Dios sabe, los tuyos tampoco. Con el negocio de jardinería de tu padre se abrieron paso en el invierno solo para mantenerse".

Ellen apenas podía hablar entre las lágrimas. "Ay, David, ¿qué vamos a hacer?"

"No te preocupes", le dijo. "Conseguiré el dinero de alguna manera. Quizás pueda trabajar tiempo extra aquí. O quizás consiga un adelanto. Conseguiré el dinero". Mientras Ellen continuaba llorando, David le rogaba: "Cariño, por favor, cálmate. Tengo que volver a trabajar. Me ocuparé de esto, lo prometo. Te amo". Colgó el auricular.

Al darse vuelta para salir de detrás del mostrador, David se encontró con el señor Marshall cara a cara. "Lo siento", comenzó a decir, pero el anciano lo interrumpió.

"En tu próximo trabajo debes prestarle atención a las reglas", dijo el señor Marshall.

David estaba confundido. "¿Qué me está diciendo?", le preguntó.

"Puedes volver el viernes y tu cheque te estará esperando. Estás depedido".

"¿Estoy… estoy despedido?", tartamudeó David. "¿Estoy despedido porque usé el teléfono?" El señor Marshall permaneció con los brazos cruzados. "Mi hija está enferma". El anciano no dijo una palabra. David no podía creerlo. Señaló hacia el teléfono. "Era mi esposa la que me llamaba porque mi hija está enferma". David hizo una pausa, entonces dijo una vez más, esta vez casi en un susurro: "Mi hija está enferma". Subió y bajó las manos en un gesto inútil y sacudiendo la cabeza, David se dio vuelta y salió lentamente del negocio.

Al llegar a su automóvil, buscó a tientas las llaves y se rió. Había pensado por un momento que el automóvil no arrancaría. "Señor Marshall", se vio a sí mismo diciendo, "mi automóvil no arranca. ¿Puedo usar su teléfono?" Metiendo la llave en el encendido, David rió de nuevo mientras el vehículo arrancaba.

Es *obvio*, pensó, *que me río porque me estoy volviendo loco*. Mientras David salía del estacionamiento en su automóvil, se preguntó: *Si estoy lo suficientemente cuerdo para reconocer la locura, ¿significa esto que después de todo estoy bien?* Rió de nuevo. De hecho, esta vez rió hasta llorar.

En la carretera interestatal, David no salió en la salida que lo llevaba a su casa. El tránsito estaba liviano y solo eran las 11:15 de la mañana. No había motivos para regresar a casa y compartir las grandes noticias con Ellen justo ahora. *Ellen no se merece esto*, pensó David. *Y en realidad Jenny no me escogió como padre. Hace un año estaba en la cima del mundo, y ahora, ni siquiera puedo proveer para mi familia.*

David se estacionó a un costado del camino. Inclinando la cabeza, entrelazó sus manos. "Oh, Dios", dijo en alta voz. "Oh, Dios…". Se detuvo y se mantuvo en silencio durante casi un minuto. "Oh, Dios…", comenzó de nuevo. Después de otro minuto, puso en marcha el automóvil y continuó por la autopista. *No puedo ni siquiera orar*, pensó.

Siguiendo un impulso, David tomó la salida de Grayton. A casi sesenta kilómetros de su casa, manejaba hacia ningún lugar en particular. *Igual que mi vida*, pensó, *no voy a ningún lugar en particular, a ningún lugar especial. ¿No solía pensar que tenía un propósito?*, David se preguntó. *¿No estaba logrando algo?*

David miró el velocímetro. Marcaba ciento diez. No había ningún otro vehículo a la vista. Presionó un poco más el acelerador. Ciento veinte… ciento treinta. Mientras volaba sobre las colinas y en torno a las curvas, David se volvió inconsciente de la velocidad. Ciento cuarenta kilómetros por hora. Sus pensamientos también corrían a un ritmo furioso. Ellen era joven todavía y era una mujer bonita. Si él no estuviera de por medio, ella podría encontrar algún otro que se ocupara mejor de ella y de Jenny. *Todavía tengo un seguro de vida*, pensó. *¿Estarían mejor sin mí? ¿Estaría todo el mundo mejor sin mí?*

Sin ningún otro pensamiento consciente, David apretó el pie sobre el acelerador, empujándolo hasta el piso. El pequeño automóvil chilló cuando David se agarró del volante, en un intento por partir de la vida. Con lágrimas que corrían por su rostro, bajó la ventanilla y manejó hacia un tramo recto. El viento helado pareció aclarar sus pensamientos. "¿Por qué estoy aquí?", dijo David en voz alta. "¿Por qué es esto... por qué todo me ocurre a mí?" Golpeó con la mano el volante, sacó el pie del acelerador por un segundo, y entonces de nuevo lo presionó a fondo. "¿Por qué... yo?", gritó. "¿Por qué yo?"

En ese instante, el momento de desesperación de David se cruzó con un puente lleno de hielo. El puente, que cubría un pequeño riachuelo, no tenía más de ciento cincuenta metros de largo, pero su capa de hielo negro hizo que el automóvil, que corría a toda velocidad, girara vertiginosamente. Las ruedas chirriaron, el automóvil rebotó sobre la barrera protectora al cruzar el pequeño puente y David vio que todavía estaba sobre la autopista. Luchó desesperadamente por mantener el control mientras el vehículo patinaba de un lado a otro y por último se salió del camino.

Muchas personas cuentan que cuando enfrentaron una crisis de vida o muerte, veían su pasado como una película que transcurría ante sus ojos. Observaban la niñez, la adolescencia, y muchos años de su vida todo en una fracción de segundo. En ese momento, una persona puede sentir remordimiento mientras que otra alcanza a aceptar lo inevitable y recibe una apacible calma. Por otro lado, David Ponder sólo tenía preguntas en su corazón mientras su automóvil se dirigía sin control hacia un roble gigante. Con lo que le quedaba de lucidez, David retiró las manos del volante y las alzó como puños hacia el cielo. "¡Por favor, Dios!", clamó. "¿Por qué yo?"

Y entonces... nada.

TRES

"POR FAVOR LEVÁNTESE DEL PISO Y SIÉNTESE EN ESTA SILLA".

David abrió los ojos con lentitud y miró directamente al rostro de un hombre que le parecía ligeramente familiar. Era un caballero mayor y de pequeña estatura, de cabello corto casi blanco y peinado de forma cuidadosa, que contrastaba con la apariencia un poco desaliñada de su ropa. Las mangas de su camisa de vestir estaban enrolladas hasta los codos, y su corbata de franjas rojas y negras tenía el nudo suelto. Encima de la afilada nariz descansaba un par de lentes lo suficientemente gruesos como para que sus ojos azules parecieran gigantescos.

"Este es un momento muy inconveniente para mí", dijo el hombre. "Sólo siéntese ahí y quédese callado". Volviéndose con rapidez, caminó hacia un enorme escritorio labrado a mano. Colocándose detrás y tomando un montón de papeles, refunfuñó: "Como si no tuviera suficiente con lo que pasa ahora".

Confundido, David miró alrededor. Estaba sentado sobre una gran alfombra persa, con la espalda contra la pared de una ornamentada habitación de techo elevado. Directamente a su izquierda estaba la silla de caoba de alto respaldo que había señalado el hombre que ahora intentaba ordenar papeles al otro lado de la habitación. A su derecha, un globo terráqueo se elevaba sobre un pedestal frente a una chimenea apagada.

Acomodándose en la silla, David dijo: "Tengo sed".

Sin levantar la vista, el hombre replicó: "En un momento le traeré algo para tomar. Ahora, por favor, manténgase callado".

"¿Dónde estoy?", preguntó David.

"Preste atención". El hombre maldijo mientras tiraba el montón de papeles sobre el escritorio y señalaba con el dedo a David. "Le pedí amablemente que se quede callado y espero que lo haga. Usted está en Postdam, Alemania, un suburbio de Berlín, en una zona libre al presente controlada por el Ejército Rojo. Es martes, 24 de julio de 1945". Respirando con profundidad y aparentando calmarse, continuó con su trabajo de nuevo. Separando los papeles, dijo: "Entonces ahora, siéntese y medite sobre eso por un rato".

David frunció el ceño. *Debo estar en un hospital*, pensó. *Este es un lugar viejo y lúgubre. Y si este tipo es mi médico, tiene una manera horrible de tratar a los pacientes.* Sentado completamente quieto, tratando de controlarse, David observaba al hombre en el escritorio. *¿Por qué me diría que estoy en Alemania?*, se preguntó. *¿Y el asunto del Ejército Rojo? Debo tener una herida en la cabeza. ¿Es esto algún tipo de examen psiquiátrico?*

Estiró el cuello de su gruesa camisa azul oscura. Incómodo con el calor, David divisó una jarra de agua y algunos vasos sobre una pequeña mesa cerca de una ventana directamente al otro lado de la habitación. Se levantó y caminó despacio hacia el agua. Con el rabillo del ojo, vio que el hombre tras el escritorio levantaba la vista brevemente, fruncía el entrecejo y volvía a su trabajo.

Sin hacer ruido, David se sirvió un vaso de agua, y al beberlo, miró por la ventana. Era obvio que estaba en una habitación del segundo piso de este edificio o casa o lo que fuera. Debajo de él, a no más de ciento cincuenta metros de distancia, vio la ribera de un río que se movía lentamente. No había gente navegando, ni niños jugando; de hecho, no vio absolutamente a nadie. "Algo no anda bien aquí", musitó David mientras un soplo de brisa le alcanzó el rostro e hizo mover las cortinas al lado de él.

Al sacar la mano a través de la ventana abierta, David casi se alarmó al encontrar que el aire era cálido y húmedo. Entonces descubrió qué lo había estado inquietando. Era el aire. El aire era *cálido*. Todos lo árboles al alcance de su vista estaban llenos de hojas, y la hierba en el patio de abajo era verde. ¿En pleno invierno?

Poniendo el vaso sobre la mesa, David colocó las manos en el antepecho de la ventana y sacó el torso por la abertura. Sí, hacía calor, confirmó, y se metió hacia adentro. *¿Qué clase de lugar es este?, se preguntó David. ¿Por qué están abiertas las ventanas? Con lo caluroso que está, el aire acondicionado debe hallarse trabajando a toda capacidad.*

Mientras regresaba a su asiento, David buscó un termostato a su alrededor. No había ninguno a la vista. El único instrumento de control de la temperatura era un antiguo calentador que alguien había puesto en la chimenea. *No creo que ese calentador le haría ningún bien a nadie*, pensó. *Está tan viejo que parece haber sido fabricado en...*, David se detuvo en medio de su reflexión. Con voz suave, dijo en voz alta: "... 1945".

Dándose vuelta de pronto, David se enfrentó al hombre tras el escritorio. El caballero de cabello blanco alzó la vista y empujo despacio su trabajo hacia un lado. Con una leve sonrisa en sus delgados labios, se echó hacia atrás en la silla, cruzó los brazos, y miró con curiosidad a David.

La mente de David se aceleró el máximo. *Postdam... Postdam...*, pensó. *¿Por qué me es tan familiar ese nombre?* Entonces, le vino a la mente como un relámpago. Postdam, Alemania, recordó un documental de la televisión que había visto, que fue el sitio de la famosa conferencia de guerra tras la cual se tomó la decisión de arrojar la bomba atómica sobre Japón durante la Segunda Guerra Mundial.

Un escalofrío le recorrió el cuerpo mientras David se ponía las manos en la cabeza. *Piensa, piensa*, se ordenó a sí mismo. *¿Quiénes asistieron a la conferencia de Postdam? Fueron Churchill, Stalin y...* David pareció perder de golpe el aliento mientras buscaba a tientas la silla que se encontraba detrás de él. Al sentarse pesadamente, señaló al hombre que tenía delante. "Usted es Harry Truman", dijo en tono agitado.

"Sí", dijo el hombre, "Soy yo. Aunque en este momento daría casi cualquier cosa por ser otra persona".

Tragando de forma audible, David dijo: "Lo apodan Harry, el que las hace pasar negras".

Con una media sonrisa Truman resopló. "Nunca hago que nadie las pase negras. Sólo digo la verdad y la gente piensa que las pasa negras".

Quitándose los lentes, se frotó los ojos y dijo: "Es obvio que desde este momento en adelante no me vas a dejar en paz, así que adelante, hablemos". Poniéndose de nuevo los lentes, se levantó y salió de detrás del escritorio. "Por cierto", dijo, "¿por qué *no* tú?"

"¿Qué me está diciendo?", le preguntó David.

"¿Por qué… no… tú?" Con la mirada fija en los ojos de David, pronunció con cuidado las palabras, separándolas como si estuviera hablándole a un niño. "Creo que esa es la respuesta a la última pregunta que hiciste antes de llegar".

David arrugó la frente. Tratando de recordar dijo: "Estaba en un accidente, creo".

"Sí", dijo Truman, "así es cómo a veces eso sucede. Y la última pregunta que alguien se hace a menudo es: '¿Por qué yo?' Como es natural, '¿por qué yo?' es una pregunta que grandes hombres y mujeres se han estado haciendo desde el comienzo de los tiempos. Sé que este pensamiento me ha venido a la mente más de una vez durante los últimos días. ¡Me cuesta trabajo creer que hace veinte años era un empleado de una tienda de ropa!" Truman extendió la mano e hizo que David se pusiera de pie. "¿Cómo te llamas, hijo?"

"David Ponder. ¿Estoy bien?"

"Bien, David Ponder, si quieres decir: '¿Estoy muerto?', la respuesta es no. Si quieres decir simplemente '¿estoy bien?'", Truman se encogió de hombros, "no estoy seguro. Nunca se me ha dado ninguna información sobre cómo terminan estas cosas".

De pronto, David se relajó. Sonriendo dijo: "Comprendo. Estoy soñando, ¿no es verdad?"

"Quizás lo estás", dijo el presidente, "pero, David, yo no lo estoy. Y aún si estás soñando, ese no es un problema. Por siglos, los sueños se han utilizado para comunicar instrucciones y orientación a gente que tiene un propósito: grandes hombres y mujeres. Dios utilizó sueños a fin de preparar a José para su futuro como líder de naciones. Le dio planes de guerra a Gedeón en un sueño. Juana de Arco, Jacob, George Washington, Marie Curie y el apóstol Pablo, todos ellos se guiaron por sus sueños".

"Pero yo soy un individuo común y corriente", dijo David. "No me parezco en nada a la gente que usted ha mencionado –alguien grande, quiero decir— y por cierto que no soy el apóstol Pablo. No estoy ni siquiera seguro de que todavía creo en Dios".

Truman sonrió mientras ponía la mano sobre el hombro de David. "Está bien, hijo", le dijo. "Él cree en ti".

"¿Cómo puede estar seguro de eso?", le preguntó David.

"Porque", respondió Truman, "tú no estarías aquí si Él no creyera en ti". De vez en cuando, se escoge a alguien para viajar a través de los siglos, recogiendo sabiduría para las futuras generaciones. Es como si el Todopoderoso descendiera literalmente y pusiera su mano sobre un hombro, y en este caso particular", el presidente miró por encima de sus lentes, "fue *tu* hombro".

Un toque fuerte en la puerta atrajo su atención. Sin esperar una respuesta, un hombre alto y robusto entró a zancadas en la habitación. Era Fred Canfil, guardaespaldas especial de Truman. Antes un comisario federal de Kansas City, Fred había sido asignado temporalmente al Servicio Secreto y se había convertido en un favorito del presidente y su familia. "Siento entrar de esta manera, señor", dijo mientras sus ojos inspeccionaban la habitación. "Pensé que le oía hablar con alguien".

"No, Fred", dijo Truman mientras miraba directamente a David, "aquí no hay nadie". Entonces, haciendo un gesto hacia la puerta con la mano, dijo: "¿Se ocupará de que no me molesten?"

"Por supuesto, señor Presidente", dijo Canfil mientras se retiraba lentamente, con un aspecto de preocupación en su rostro. Todavía inspeccionando la habitación, añadió: "Lo escoltaré a la habitación de conferencias dentro de una hora, pero si me necesita antes…".

"Estará afuera de la puerta", dijo Truman mientras guiaba a su perplejo amigo fuera de la habitación, "y no vacilaré en llamarlo. Gracias, Fred".

Cuando el presidente cerró la puerta, David preguntó: "¿No puede verme?"

"Aparentemente, nadie puede", replicó Truman. "Nadie, esto es, excepto la persona a quien viniste a visitar. Como es natural, esto me hace parecer un poco loco", dijo con una sonrisa, "aquí, completamente solo, hablando conmigo mismo". Rápidamente, borró la sonrisa de su rostro y continuó: "Pero no debo pensar que alguien lo encontraría extraño. Tengo amplias razones para hablar conmigo mismo, con todo lo que está pasando aquí". Truman inclinó la cabeza y miró a David con el rabillo del ojo. "Es curioso cómo ustedes siempre aparecen en los momentos críticos de *mi* vida".

"¿Así que esto le ha sucedido antes?", le preguntó David.

"Sí", dijo Truman, "tres veces desde que soy presidente, tú eres el tercero. La primera vez fue la noche en que murió Roosevelt. Estaba completamente solo en la oficina presidencial y un muchacho se apareció de la nada. Fred entró con tanta violencia que casi me dio un ataque al corazón. Era raro que nadie pudiera verlo sino yo".

"¿El muchacho?"

"Sí, el muchacho". Truman hizo una pausa. "Dije el 'muchacho'. Era de hecho un adolescente. Tenía problemas al decidir si debía terminar o no sus estudios universitarios".

David estaba incrédulo. "Eso no parece ser un problema lo suficientemente grande para un presidente".

"¿Por qué estás tú aquí?", le preguntó Truman.

"No sé".

"Bien", dijo el presidente mientras se movía a través de la habitación, "por lo menos el muchacho tenía una pregunta". Inclinándose sobre el escritorio, le indicó a David que se sentara en una silla cerca del globo terráqueo. "De cualquier manera, había mucha presión para que se quedara en la universidad".

"¿Qué le dijo usted que hiciera?", le preguntó David.

"No le dije que hiciera nada", replicó Truman. "Esa no es la parte que me corresponde en todo esto. Yo ofrezco perspectiva. El destino final de la vida de alguien es una cuestión de decisión personal". El presidente continuó:

"Evidentemente, yo era su segundo visitante. Él había acabado de pasar más o menos una hora con Albert Einstein".

David se movió incómodo en su asiento. "¿Iré a algún otro lugar después de esto?"

"Sí, irás", dijo Truman. "En realidad a diferentes lugares, pero no te preocupes. Te estarán esperando".

"¿Así que usted sabía que yo vendría?"

"Como puedes suponer, me lo informaron en un sueño la otra noche", dijo Truman. Caminando alrededor de su escritorio, abrió la gaveta superior derecha. Sacó un pedazo de papel doblado, se lo entregó a David y dijo: "Se me instruyó que preparara esto para ti. Esta es la esencia del porqué estás aquí. Es una de las Decisiones para el Éxito. Es la primera de las siete que recibirás. La conservarás contigo y la leerás dos veces al día hasta que la tengas en tu corazón. Porque sólo confiando este principio a tu corazón serás capaz de compartir su valor con otros".

David comenzó a desdoblar el papel. "No, no", dijo el presidente mientras ponía sus manos sobre las manos de David. "No lo leas ahora. Debes esperar a que termine nuestra reunión. Tan pronto como leas estas palabras, viajarás inmediatamente a tu próximo destino. Asombroso en realidad. Lees la última palabra y 'zas', ¡te fuiste!"

David se estiró y tocó el globo terráqueo, volteándolo inconscientemente hacia los Estados Unidos. "¿Conoce mi futuro?", le preguntó.

"No", dijo Truman. "No puedo ayudarte ahí. Y no lo haría aunque pudiera. Tu futuro es lo que tu decidas que sea. Por otro lado, tal vez tú podrías decirme el mío". Cuando David abrió la boca para hablar, el presidente levantó las manos como para detener las palabras. "Gracias, pero no, gracias. Dios sabe, ¡hay suficientes influencias que considerar sin que me digas lo que ya hice!"

"Usted dice que mi futuro es lo que yo decida que sea", le dijo David. "No estoy seguro de que concuerdo con eso. Mi presente por cierto que no es algo que yo haya hecho. Trabajé durante años para terminar al final sin empleo, sin dinero, y sin perspectivas".

"David, todos nos hallamos en medio de situaciones que nosotros escogimos. Nuestra manera de pensar crea una senda hacia el éxito o el fracaso. Al negar responsabilidad por nuestro presente, destruimos la esperanza de un futuro increíble que pudo ser nuestro".

"No comprendo", dijo David.

"Lo que digo es que las influencias exteriores no son responsables por el lugar donde estás mental, física, espiritual, emocional o financieramente. Tú has escogido la senda hacia tu destino presente. La responsabilidad por tu situación es tuya".

David se levantó. "Eso no es cierto", exclamó irritado. "Hice un buen trabajo en la planta. Pude haberme acogido a un retiro anticipado, pero me quedé. Me quedé para ayudar a mantener a flote la compañía y fui despedido. "¡No fue… culpa… mía!"

"Siéntate", le dijo suavemente Truman. Sacando una silla para enfrentar a David, que estaba temblando de ira y confusión, dijo: "Mira, hijo. No es mi deseo disgustarte, porque con el tiempo limitado que se nos ha dado para que estemos juntos, la verdad tiene que estar antes del tacto".

Luego de colocar los codos sobre sus rodillas, el presidente se inclinó y respiró profundamente. "Escúchame ahora. Estás donde estás debido a tu manera de pensar. Tus pensamientos dictan tus decisiones. Las decisiones son elecciones. Años atrás, elegiste a qué universidad asistirías. Elegiste los cursos que tomarías. Cuando te graduaste con el título de la carrera que escogiste, elegiste las compañías a las que les enviarías tu currículum vitae. Después de entrevistarte con las compañías que respondieron, elegiste aquella para la que trabajarías. Durante ese tiempo, en algún momento decidiste ir a una fiesta u obra de teatro o un juego de pelota. Allí, conociste a una muchacha con la que decidiste casarte. Juntos decidieron tener hijos y cuantos hijos tendrían.

"Cuando eligieron la casa en que vivirían y los automóviles que conducirían, escogieron el monto de los pagos cada mes. Al decidir comer costillas o salchichas, escogieron los gastos de su familia. Y fuiste tú el que decidió no acogerse a un retiro anticipado. Decidiste resistir hasta el amargo final. Hace años, comenzaste a tomar decisiones que te llevaron a tu actual situación. Y caminaste por el medio de esa senda un paso detrás del otro".

Truman hizo una pausa. Sacó un pañuelo y se secó la frente. David tenía la cabeza baja, con el mentón sobre el pecho. "David, mírame", dijo el presidente. Los ojos de David se encontraron con los del hombre. "Las palabras *¡no es culpa mía!* nunca más deben salir de tu boca. Las palabras *¡no es culpa mía!* han sido simbólicamente escritas sobre las tumbas de gente fracasada desde que Eva le dio la primera mordida a la manzana. Hasta que una persona asume responsabilidad por el lugar donde está, no hay fundamento para seguir adelante. La mala noticia es que el pasado estaba en tus manos, pero la buena es que el futuro, mi amigo, también está en tus manos".

Cuando el presidente se inclinaba para poner su mano sobre el hombro del hombre más joven, tres rápidos toques a la puerta lo interrumpieron. "Señor Presidente", llegó una voz desde el pasillo. Era Fred Canfil.

"Un aviso de cinco minutos, señor. Esperaré por usted aquí afuera. El señor Churchill y los rusos ya se aproximan al salón de conferencias.

"Gracias, Fred", dijo Truman riéndose entre dientes. "Parece que a mi guardaespaldas no le gusta mucho el señor Stalin. Pensándolo bien, a mí tampoco y, francamente, me reservo unos cuantos de mis planes sin compartir. Pero supongo que él es una parte necesaria de este proceso". Se levantó y comenzó a bajarse las mangas y abotonarse los puños de la camisa.

David vio el saco del presidente colgado sobre el respaldo de la silla del escritorio y fue a buscarlo.

"¿Qué va a hacer?", le preguntó él.

Truman se abrochó el cuello de la camisa, se arregló la corbata y miró a David con cautela. "Esto no es un juego, hijo. Creo que ambos sabemos lo que voy a hacer. ¿Quiero hacerlo? ¿Quiero arrojar esa… esa bomba? ¡Por supuesto que no!"

Avanzó a pasos grandes hacia su escritorio y recogió varias libretas de notas. De pronto, las puso de nuevo sobre el escritorio y se enfrentó a David. "No tengo idea de lo que sabes de mí". Hizo una pausa. "Supongo que quiero decir que no sé lo que dice la gente de mí… ah…". Movió su mano izquierda hacia David como si pudiera invocar las palabras que quería pronunciar. "No sé lo que dicen de mí en el lugar del que vienes. Por todo lo que sé, los libros de historia están llenos de cómo me siento o cómo luzco o qué tipo de *whisky* tomo, y francamente, no me importa. Pero aclaremos algo entre tú y yo. Odio esta arma, ¿entiendes? Le tengo miedo y me preocupa lo que pueda significar para el futuro del mundo".

"¿Por qué ha decidido utilizarla?", David formuló la pregunta y su tono de voz no indicaba ni acusación ni juicio. Quería simplemente comprender los pensamientos de este hombre común al que habían situado en una posición poco común. "¿Por qué ha decidido lanzar la bomba?"

Truman respiró profundamente. "Soy el primer presidente desde el comienzo de la guerra moderna que ha experimentado el combate. Durante la Primera Guerra Mundial, hubiera dado cualquier cosa, pagado cualquier precio, para poner fin a la muerte y los sufrimientos que observé en mis amigos. Y ahora, aquí estoy, el comandante en jefe con la capacidad —no, la responsabilidad— de poner fin a esta guerra y traer a nuestros soldados a casa".

"Créeme", dijo mientras se ponía el saco, "he examinado todas las opciones. Le pregunté al general Marshall cuál sería el costo en vidas por desembarcar en la planicie de Tokio y otros lugares del Japón. Su opinión fue que tal invasión costaría un mínimo de un cuarto de millón de vidas de soldados norteamericanos. Y eso sólo en la invasión. Después de eso estaríamos literalmente forzados a ir casa por casa y tomar el país. ¿Sabes que durante toda esta guerra no se ha rendido un solo pelotón japonés, ni uno solo?"

David observó a Truman, el mentón firme, pero con el rostro cansado mientras colocaba los últimos papeles en un cartapacio de cuero "Sí", dijo él. "Hay que hacerlo. ¿Cómo podría ningún presidente enfrentar a las madres y los hijos e hijas de estos combatientes norteamericanos si, tras la carnicería de una invasión a Japón, se supiera que dentro del arsenal había un arma con fuerza suficiente para terminar la guerra, y que esta no fue utilizada?"

Por un momento, le lanzó una mirada inexpresiva a David. Era como si estuviera viendo algo de su propio futuro y eso lo asustó. Sacudió la cabeza para aclarar sus pensamientos y dijo: "¿Tienes todavía el papel?"

"Sí, señor". Dijo David mientras levantaba la página doblada que nunca había salido de su mano.

"Entonces, bien", dijo el presidente con una sonrisa, "ahora lo puedes leer." Caminó hacia la puerta, la abrió y estaba a punto de salir cuando hizo una pausa, se volvió y dijo: "¿David?"

"¿Señor?", le contestó David.

"Buena suerte, hijo".

"Gracias, señor", dijo David.

Truman se volvió para irse, pero entró de nuevo para estrechar la mano de David. "Y una cosa más", dijo mientras levantaba una ceja, "sólo porque usé la expresión 'buena suerte' no significa que la suerte tenga en realidad nada que ver con dónde vayas a parar". Con eso, el Presidente de los Estados Unidos cerró la puerta.

Completamente solo, David miró alrededor de la habitación. Caminó despacio hacia el escritorio y se sentó tras él en el gran asiento de cuero donde había estado Truman sólo unos momentos antes. Cuidadosamente, desdobló el papel y comenzó a leer.

La primera decisión para tener éxito

Asumo la responsabilidad de mi pasado.

Desde este momento en adelante, asumiré la responsabilidad de mi pasado. Comprendo que el principio de la sabiduría es asumir la responsabilidad por mis problemas y al aceptar la responsabilidad de mi pasado, me libero para avanzar hacia un futuro mejor y más brillante de mi propia elección.

Nunca más culparé a mis padres, a mi esposa, a mi jefe o a otros empleados por mi situación actual. Ni a mis estudios, ni a la falta de ellos, ni a mi genética, ni permitiré que el flujo y reflujo de las circunstancias de la vida diaria afecten mi futuro de manera negativa. Si me permito culpar a estas fuerzas incontrolables por mi falta de éxito, quedaré para siempre atrapado en la red del pasado. Miraré hacia delante. No dejaré que mi historia controle mi destino.

Asumo la responsabilidad de mi pasado y la acepto. Soy responsable de mi éxito.

Estoy donde hoy estoy, mental, física, espiritual, emocional y financieramente, por decisiones que he tomado. Mis decisiones siempre han estado gobernadas por mi manera de pensar. Por lo tanto, estoy donde estoy hoy, mental, física, espiritual, emocional y financieramente, debido a cómo pienso. Hoy comenzaré el proceso de cambiar el lugar donde estoy, mental, física, espiritual, emocional y financieramente, cambiando la forma en que pienso.

Mis pensamientos serán constructivos, nunca destructivos. Mi mente vivirá en las soluciones del futuro. No morará en los problemas del pasado. Buscaré asociarme con aquellos que trabajan y se esfuerzan para lograr cambios positivos en el mundo. Nunca buscaré la comodidad asociándome con aquellos que han decidido estar cómodos.

Cuando me enfrente con la oportunidad de tomar una decisión, la tomaré. Comprendo que Dios no me dotó de la capacidad para tomar siempre decisiones correctas. Sin embargo, sí me dio la capacidad de *tomar* una decisión y entonces *hacerlo correctamente*. Los altibajos de mi estado de ánimo no deben desviarme de mi curso. Cuando tome una decisión, me mantendré firme. Mi energía estará dirigida a tomar la decisión. No desperdiciaré energía pensando en lo que podría pasar. No pasaré la vida justificándome. Mi vida será una declaración afirmativa.

Asumo la responsabilidad de mi pasado. Controlo mis pensamientos. Controlo mis emociones.

En el futuro, cuando esté tentado a formular la pregunta "¿por qué yo?", inmediatamente la contradeciré con la respuesta: "¿Por qué *no* yo?" Los desafíos son regalos, oportunidades para aprender. Los problemas son el hilo que se entreteje en las vidas de grandes hombres y mujeres. En tiempos de adversidad, no tendré un problema que enfrentar, tendré una decisión que tomar. Mis pensamientos estarán claros. Haré la elección correcta. La adversidad prepara para la grandeza. Aceptaré esta preparación. ¿Por qué yo? ¿Por qué *no* yo? ¡Estaré preparado para algo grande!

Acepto la responsabilidad de mi pasado. Controlo mis pensamientos. Controlo mis emociones. Soy responsable de mi éxito.

Asumo la responsabilidad de mi pasado.

CUATRO

CUANDO DAVID LEYÓ LAS PALABRAS FINALES DE LA PÁGINA, miró hacia arriba. La oficina dio vueltas y pareció elevarse, con los lados de la habitación más abajo que su centro. El escritorio, que había estado directamente frente a él, parecía que se estiraba y curvaba. Se puso de pie, apartó la silla y caminó hacia la ventana. Nunca logró llegar. Mareado de súbito, David sintió que se le doblaban las rodillas y el movimiento hacia adelante lo lanzó de cara al suelo. Tratando de no caerse, no se sorprendió de ver que sus manos atravesaban la alfombra persa como si no estuviera ahí. Su cabeza, cuerpo y piernas siguieron hacia la oscuridad.

Casi al instante, como si hubiera caído en una habitación inferior a través del piso, David estaba de pie, alerta e indemne. Estaba parado en una gran habitación que tenía más de treinta metros de largo y quince de ancho, con un techo de cerca de quince metros de altura. Estaba atrapado en medio de un grupo de personas que forcejeaban por ubicarse a fin de ver un disturbio que ocurría en algún lugar al frente. Podía ver que los hombres tenían los torsos desnudos y la piel muy tostada por el sol. Las mujeres vestían túnicas de telas de brillantes colores, y su cabello, trenzado y entrelazado, era muy largo.

Moviéndose con la multitud, David respiró profundamente. Había un fuerte olor a cedro en el aire. Notó asombrado que las paredes y gigantescas columnas que sujetaban el techo estaban fabricadas por completo con la fragante madera. El piso estaba cubierto con placas masivas de un mármol gris, casi púrpura.

Sin avisar, tocaron un gong. El sonido era estremecedor. Inmediatamente, todos los hombres y mujeres que rodeaban a David dejaron de hablar, cayeron de rodillas y bajaron la cabeza. David, demasiado aturdido para hacer algo que no fuera permanecer de pie allí, de pronto tuvo una clara visión de la habitación.

Directamente frente a él había seis escalones. A cada lado de ellos había estatuas de leones. Esculpidas en mármol negro, cada una era una obra de arte. Sin embargo, palidecían en comparación con lo que se veía en la parte de arriba de los escalones. Levantándose solo en el centro de un pedestal de granito había un trono hecho de marfil y decorado con oro puro. El respaldo de la elaborada silla tenía el borde superior redondeado y brazos a cada lado. Otros dos leones, hechos de oro, hacían guardia silenciosa a los lados del trono.

El gong sonó otra vez. En esta ocasión, un hombre próximo al trono caminó rápidamente hacia una cortina que estaba detrás de este y la abrió. Al otro lado del espacio abierto estaba el ser humano más radiante que David jamás había visto. Vestía un manto de turquesa brillante. Rubíes y gemas de todo tipo estaban cosidos en los bordes y mangas del vestido. Alrededor de los brazos y el cuello había bandas de oro sólido. La corona sobre su cabeza, también hecha de oro, estaba salpicada de pequeños diamantes. Boquiabierto, David era la única persona en la habitación aún de pie, mirando fijamente a esa figura que infundía temor reverente.

Era un hombre grande. Calzado con sandalias, parecía un poco más alto que David. Su cabello, oscuro y frondoso, le llegaba hasta los hombros, estaba partido al medio, y parecía estar sujeto por la pesada corona. Haciendo un círculo hacia el frente del trono, se sentó y dijo simplemente: "Comencemos".

De inmediato, la multitud saltó a sus pies y el disturbio comenzó de nuevo cerca del trono. Mientras maniobraba y se abría camino para lograr una mejor ubicación, David pudo escuchar las voces airadas de dos mujeres.

"¡Él me pertenece!", gritó una de ellas.

"¡No, no!", exclamó la otra. "¡Eres una ladrona!"

David se abrió paso hacia el frente mientras la multitud comenzaba a agitarse, tomando partido por las dos mujeres y profiriendo insultos.

"Silencio", dijo enérgicamente el hombre que estaba sentado en el trono, y de súbito, la gente guardó silencio.

David se movió hacia el borde de los escalones. Tenía una visión completa de las dos mujeres y del trono encima de ellas. Hasta ahora, nadie había notado su presencia. Se sentía completamente invisible. Al ver a las mujeres con claridad por primera vez, David notó que una de ellas tenía en sus brazos a un bebé recién nacido.

Todos en la habitación tenían los ojos fijos en el trono. David sintió que él era el único que respiraba. Entonces, con un gesto de su mano, el hombre señaló a la segunda mujer, la que estaba parada sola, y le dijo suavemente: "Cuéntame tu historia".

La mujer se inclinó y dijo: "Su Majestad, esta mujer y yo vivimos en la misma casa. No hace mucho, nació mi bebé en la casa. Tres días después, nació el bebé de ella. Estábamos solas. Anoche, mientras dormíamos, ella se acostó sobre su bebé y el niño murió. Entonces, mientras yo dormía, ella se levantó y tomó a mi hijo de mi cama y lo puso en la de ella. Entonces puso su bebé muerto a mi lado".

Un murmullo recorrió la multitud mientras ella continuaba: "Por la mañana, cuando me levanté para alimentar a mi hijo, vi que estaba muerto. Entonces lo observé en la luz y supe que no era mi hijo".

"¡No!", gritó la otra mujer. "Él era tu hijo. ¡Mi hijo está vivo!"

"El bebé muerto es tuyo", gritó la mujer que contó la historia. "Tienes en tus brazos a mi hijo. ¡Mi bebé está vivo!"

David observó a las mujeres discutiendo acaloradamente hasta que el rey levantó la mano y las hizo callar de nuevo. Cuidadosamente, el rey miró a los ojos de cada mujer. En un tono mesurado, ordenó a un ayudante: "Tráeme mi espada".

David se quedó inmóvil mientras traían la espada de detrás de la cortina. Tenía aproximadamente un metro cincuenta centímetros de largo; era de plata brillante con mango de oro. Esmeraldas decoraban la parte inferior del mango. El rey la tomó en sus manos, se levantó, y dijo: "Tráiganme al bebé. Lo cortaré por la mitad. De manera que cada una de ustedes pueda tener una parte de él". Levantó la espada como para usarla.

"¡Por favor, no mate a mi hijo!", gritó la mujer que estaba parada sola. "Su Majestad, ¡déselo a ella, pero no lo mate!"

"Prosiga y córtelo por la mitad", dijo con un gruñido la otra mujer mientras empujaba al niño hacia el rey. "Entonces ninguna de nosotras tendrá al bebé".

El rey dijo con suavidad: "No le haré daño al bebé. No fue mi intención hacerle daño". Señaló a la mujer que estaba de rodillas, sollozando. "Denle el niño a ella", dijo. "Ella es la verdadera madre".

Mientras las lágrimas de angustia de la mujer se convertían en lágrimas de gozo, colocaron el bebé en sus brazos y la multitud vitoreó. David gritó y aplaudió junto a la gente. Cuando el rey se levantó del trono, el pueblo se arrodilló de nuevo y David era el único que estaba de pie. Al moverse el rey tras el trono hacia la cortina, hizo una pausa, se volvió, y miró directamente a David como diciéndole: "¿Vienes?"

David captó la mirada y lo siguió rápidamente escalones arriba y detrás del trono. Al pasar tras las cortinas, entró en una habitación no tan grande pero más fabulosa. Escudos de oro cruzados con flechas de plata cubrían las paredes. Pieles curtidas y almohadones de lino estaban esparcidos en una esquina cerca de una mesa de poca altura cubierta de todo tipo de manjares. La luz entraba a la habitación a través de altos ventanales adornados con marfil y oro.

David entró hasta el centro de la habitación. Los dos asistentes que guardaban la puerta no lo vieron, pero el rey, que hablaba a otro hombre cerca de la mesa, vio a David y puso fin a la conversación. "Como desees, Ahisar", le escuchó decir David. "Estoy seguro de que, como primer ministro, tomarás la decisión correcta". Se movió para reclinarse junto a la mesa sobre los almohadones. "Por favor, ve ahora e instruye a todos los asistentes a que salgan de este lugar".

El hombre llamado Ahisar se asombró. "Pero, su Majestad", dijo, "no es seguro para…".

"Prefiero estar solo", lo interrumpió el rey. "Gracias por tu preocupación, pero en este momento es innecesaria. Ahora vete, Ahisar". Inclinándose al partir, el primer ministro salió e hizo señas a los asistentes para que lo siguieran.

Por fin solos, David y el rey se miraron curiosamente el uno al otro. El rey habló primero. "¿Sabes dónde estás?", le preguntó con una sonrisa.

"Sí, señor", respondió David con vacilación.

"¿Sabes quién soy?"

"Sí, señor, lo sé". Esta vez David contestó la pregunta con más confianza. "Usted es el rey Salomón. Reconocí la historia". Salomón arrugó la frente. "Me refiero a que reconocí lo que ocurrió allá afuera". David se movió hacia la cortina. "Lo que trato de decir es que recuerdo la historia de cuando era niño".

Salomón sonrió, divertido con la confusión de David. "No importa", dijo. "¿Tienes hambre?"

"Sí, señor", respondió David.

"Entonces, por favor, acompáñame". Salomón le señaló un almohadón muy grande en el cual David se sentó de inmediato. "Tienes ante ti los mejores manjares disponibles en cualquier lugar del mundo. Simplemente pide la comida o cualquier otra cosa que puedas necesitar".

"Gracias", dijo David mientras tomaba una fruta. "Me llamo David Ponder".

"Dos nombres", notó Salomón con interés. "A propósito, hablas bien mi idioma. ¿Aprendiste hebreo o es tu lengua también una sorpresa?"

"En realidad", dijo David mientras abría una granada, "me sorprendió encontrar que comprendía cada palabra que se hablaba cuando llegué. Estoy aún más asombrado de que soy capaz de hablar con usted ahora. Nunca he aprendido español y aquí estoy hablando sin esfuerzo en un idioma antiguo".

Salomón se rió entre dientes. "El dialecto no es tan antiguo para mí, amigo, pero comprendo tu sorpresa. Dondequiera que viajes en esta jornada inusual, encontrarás que a tu boca y oídos se les ha concedido una habilidad especial para comunicarte y comprender. Esta competencia única en otras lenguas es, naturalmente, crítica para tu comprensión y aplicación del regalo que se te está confiando".

"¿Un regalo?", le preguntó David.

"Los rollos", contestó Salomón. "Preparé este para ti hoy de mañana". Colocó la mano con suavidad sobre una delgada pieza de cuero bien envuelta alrededor de una pequeña varilla de madera. "Es el mensaje que fue puesto en mi corazón para ti. Esto es tan solo una parte de lo que debe ser arraigado en tu vida antes que puedas pasarle este regalo a otras personas".

"¿Cómo se supone que pase este regalo a otros?", le preguntó David moviendo la cabeza.

El rey sonrió levemente mientras alcanzaba un racimo de uvas. Arrancó una del racimo, se la puso en la boca y dijo con aire pensativo: "Esto es algo que tal vez no sepas durante algún tiempo. Pero también puede ser que la respuesta se te revele mañana. Jehová mueve montañas para crear la oportunidad que Él escoge. Depende de ti estar listo para moverte".

David se inclinó hacia delante. "Creo que entiendo lo que dice. Quiere decir que tengo que estar preparado para lo que me espera". Salomón asintió moviendo lentamente la cabeza. "Entonces, he aquí la pregunta", dijo David, casi sarcásticamente. "¿Cómo me preparo para algo si no sé lo que es, ni cuándo va a ocurrir?" Salomón permaneció callado. "¿Señor?", dijo David un poco más alto. Se estaba exasperando. "Mire", comenzó de nuevo. "Hablo en serio. ¿Cómo me preparo para un futuro incierto?"

"Busca la sabiduría", dijo simplemente el rey.

David estuvo a punto de poner los ojos en blanco. "Tal vez no soy muy listo", dijo, "pero no comprendo. Está bien, permítame preguntarle esto: ¿Cómo debo buscar la sabiduría?"

"La repuesta que tengo para ti no mitigará tu frustración conmigo", respondió el rey y entonces hizo una pausa. "Mi respuesta es buscar la sabiduría".

David abrió la boca. Sacudió la cabeza y estaba a punto de hablar cuando Salomón lo interrumpió.

"David", le dijo, "tú tienes una característica común a la mayoría de la gente. Oyes, pero no escuchas.

"Busca la sabiduría. *Busca* la sabiduría. La sabiduría está a la espera de que la adquieran. No puede obtenerse por trueque o venderse. Es un regalo para el diligente. Y sólo el diligente la encontrará. El indolente, el hombre necio, ni siquiera la busca. Aunque la sabiduría está a disposición de muchos, la encuentran unos pocos. Busca la sabiduría. Encuéntrala, y encontrarás el éxito y la satisfacción".

"Bueno", dijo David, "ciertamente no tengo éxito ni satisfacción en mi vida en este momento".

"Todo forma parte del pasado", notó Salomón. "Aun el presente se convierte constantemente en pasado; ahora… y ahora… y ahora". Chasqueó los dedos mientras hablaba. "El pasado nunca cambia, pero puedes cambiar el futuro cambiando hoy tus acciones. En realidad es un proceso muy simple. Nosotros, como humanos, estamos siempre en un proceso de cambio. Por lo tanto, podemos también encauzar la dirección en que cambiamos".

"¿Cómo puedo encauzar esa dirección?", le preguntó David.

Salomón se puso en pie y comenzó a caminar alrededor de la habitación. Agarrándose las manos detrás de la espalda, le preguntó: "¿Tienes un hijo?"

"Sí", le respondió David. "Una hija de doce años".

El rey dijo: "¿Te preocupan los niños con los que juega tu hija?"

"Sí", respondió David. "Por supuesto".

Salomón se volvió con rapidez y dijo: "Dijiste, 'por supuesto'. ¿Por qué?"

David frunció la frente. Estaba tratando de imaginar el giro que el rey le estaba dando a la conversación. "Bien", comenzó, "dije, 'por supuesto', porque los amigos de mi hija ejercen una gran influencia sobre ella. Y quiero decir tanto buena como mala. Hemos notado que cuando está con niños buenos y respetuosos, rara vez tenemos problemas con su conducta. Pero ocasionalmente, se une al grupo rebelde en la escuela, y su madre y yo tenemos que enfrentar las consecuencias en casa".

"¿Consecuencias?", le preguntó Salomón.

"Su forma de hablar, sus actitudes, la forma en que se viste, cómo nos responde", David se esforzaba por hallar las palabras correctas. "Todo lo que hace a su edad parece estar influenciado por otra persona".

"¿Cómo guías tú la dirección en que tu hija cambia?", le preguntó Salomón.

"Vigilando quiénes son sus amigos", dijo David.

"¡Exacto!", dijo excitado el rey. "¿Y a que edad aquellos que nos rodean no nos afectan? ¿Dieciocho? ¿Veintiuno? ¿Treinta? Por supuesto que la respuesta es que siempre estamos y estaremos bajo la influencia de aquellos con los que nos asociamos. Si un hombre se junta con otros que usan lenguaje grosero y se quejan, pronto encontrará que ese lenguaje y las quejas fluirán como un río de su propia boca. Si pasa sus días con los haraganes, los que buscan que todo se les dé, muy pronto encontrará sus finanzas en desorden. El origen de muchas de nuestras dificultades se encuentra en nuestras relaciones con la gente que nos condujo por un mal camino".

David se puso en pie. Se limpió las manos en los pantalones y dijo: "¿Así que este es un paso importante en la búsqueda de la sabiduría?"

"Posiblemente *el* paso más importante", respondió Salomón. "Ten cuidado con quienes te asocias, David. Cada vez que toleras la mediocridad al escoger amigos, te acomodas más a la mediocridad en tu vida. Si un haragán no te irrita, es una señal que has aceptado la pereza como un estilo de vida. ¿Viste a Ahisar cuando entraste, no es cierto?"

"Sí". David asintió con la cabeza. "Creo que usted dijo que es el primer ministro".

"Eso es correcto", reconoció el rey. "No has conocido a Sadoc, Azarías y Abiatar. Son mis sacerdotes. Elihoref y Ahías son mis asistentes personales, Josafat está a cargo de los registros del gobierno y Benaía es el comandante de mi ejército. Todos son hombres enérgicos y sabios que me aconsejan. Si es importante para un rey cuidar la selección de sus amigos, ¿no sería importante también para ti?"

David caminó hacia uno de los escudos de oro sobre la pared y pasó la mano sobre él distraídamente. "Usted es el hombre más sabio del mundo", dijo, "y obviamente el más rico. Y sin embargo, dijo que otros hombres lo aconsejan. ¿Por qué?"

Salomón sonrió paciente. "Sólo un necio rehúsa el consejo de los sabios. En la multitud de consejeros hay seguridad. La instrucción sensata es una fuente de vida que te ayudará a escapar de todo tipo de trampas mortales. Encuentra un hombre sabio, una persona que ha logrado lo que quieres para tu propia vida y escucha atento a sus palabras". Salomón se dirigió a la mesa y tomó el rollo. Colocándolo en un bolsillo de su manto, se dirigió a David. "Sígueme", le dijo.

Cuando Salomón salió de la habitación interior, mantuvo abierta la cortina para que David pasara. David pasó por debajo del brazo de Salomón y dijo: "Yo debería sostener la cortina para usted. Después de todo, ¡usted es el rey!"

Salomón rió. "Gracias, pero aprecio la oportunidad de servirte a *ti*. ¡Cuándo un rey comienza a actuar como rey, no pasa mucho tiempo antes que algún otro sea rey! Un hombre sabio es un siervo".

Mientras caminaban a grandes pasos hacia el gran salón, David señaló el trono y dijo: "¿Puedo tocarlo?"

"Por supuesto", le dijo Salomón. "Puedes sentarte en él si lo deseas. Es solamente una silla".

David puso las palmas de sus manos sobre el trono. Frotando suavemente el asiento y los brazos con la yema de los dedos, admiró la forma en que habían colocado el marfil y el oro. Dándose vuelta, se sentó en el trono. Con una tímida sonrisa, dijo: "Me siento muy pequeño sentado aquí".

"Al igual que yo", Salomón se rió entre dientes. Entonces dijo con seriedad: "La responsabilidad que acompaña al liderazgo a menudo hace que uno se sienta humilde. Cuando me siento donde estás ahora, estoy agradecido por las lecciones de mi padre. Como debes saber, también se llamaba David. No sólo fue el rey anterior a mí, sino también mi mentor". Salomón echó una mirada al salón vacío, aparentemente perdido en sus pensamientos. Al continuar, dijo: "Mi padre murió hace ya muchos años, pero los principios que me enseñó aún me guían".

Salomón sacó el rollo de su manto y desenrolló el cuero de la varilla de madera. Al pasarle a David las preciosas palabras, dijo: "Es hora de que nos despidamos, amigo. Quizás el tiempo que hemos pasado juntos traerá más comprensión al viaje de tu vida. No puedo hacer nada para aliviar tus luchas y no lo haría si pudiera. Nunca es el deber de un líder luchar en el lugar de otra persona; un líder debe alentar a otros a luchar y asegurarles que los esfuerzos valen la pena. Batalla con los desafíos de tu presente, y descubrirás los premios de tu futuro".

"Gracias, su Majestad", le dijo David.

"De nada", respondió Salomón. Sonrió mientras se inclinaba ligeramente. "Ha sido un honor ayudarte. Adiós". Con esas palabras finales, el rey descendió por los escalones y directamente por el medio del vasto salón. Cuando se acercó a la puerta del lado opuesto, dio dos palmadas. Inmediatamente, aparecieron asistentes que se colocaron alrededor del rey mientras salía del edificio.

Solo, David se levantó y miró una vez más hacia la magnífica habitación. Con lentitud, se sentó de nuevo en el trono del rey Salomón y desenvolvió sobre sus rodillas el rollo con las palabras del rey.

La segunda decisión para tener éxito

Buscaré la sabiduría.

Con la certeza de que la sabiduría está a la espera de que la adquieran, la buscaré activamente. Mi pasado nunca se podrá cambiar, pero puedo cambiar el futuro cambiando hoy mis acciones. ¡*Cambiaré* mis acciones hoy! Entrenaré mis ojos y oídos para leer y escuchar libros y grabaciones que traigan cambios positivos en mis relaciones personales y una mayor comprensión de mis semejantes. Ya no bombardearé más mi mente con materiales que alimenten mis dudas y temores. Leeré y escucharé solo lo que acreciente la fe en mí mismo y en mi futuro.

Buscaré la sabiduría. Escogeré mis amistades con cuidado.

Soy lo que son mis amistades. Hablo el mismo idioma de ellos y uso la misma ropa que ellos. Comparto sus opiniones y sus hábitos. Desde este momento en adelante, elegiré asociarme con gente cuyas vidas y estilos de vida admiro. Si me asocio con pollos, aprenderé a picotear el suelo y reñir por las migajas. Si me asocio con águilas, aprenderé a remontarme a grandes alturas. Soy un águila. Mi destino es volar.

Buscaré la sabiduría. Escucharé el consejo de los sabios.

Las palabras de un hombre sabio son como gotas de lluvia sobre tierra seca. Son preciosas y pueden ser usadas rápidamente con resultados inmediatos. Solo la brizna de césped que captura una gota de lluvia crecerá y prosperará. La persona que pasa por alto el sabio consejo es como una brizna de césped que no es tocada por la lluvia; pronto se marchitará y morirá. Cuando sólo tomo mi propio consejo, tomo decisiones sólo de acuerdo con lo que ya sé. Cuando pido el consejo de un hombre sabio, añado sus conocimientos y experiencia a las mías y mi éxito aumenta de manera dramática.

Buscaré la sabiduría. Seré siervo de otros.

Un hombre sabio cultivará un espíritu de siervo porque ese atributo particular atrae a la gente como ningún otro. Cuando sirvo humildemente a otros, ellos compartirán libremente su sabiduría conmigo. A menudo, la persona que desarrolla un espíritu de siervo llega a disfrutar de abundancia.

Muchas veces, un siervo es escuchado por un rey, y un humilde siervo se convierte a menudo en rey, porque él es la elección popular de la gente. El que más sirve es el que crece con más rapidez.

Me convertiré en un humilde siervo. No buscaré a alguien para que me abra la puerta; buscaré abrirle la puerta a alguien. No me afligiré cuando no haya nadie para ayudarme; me animaré cuando tenga una oportunidad de ayudar.

Seré siervo de otros. Escucharé el consejo de los sabios. Escogeré mis amistades con cuidado.

Buscaré la sabiduría.

CINCO

BUSCARÉ LA SABIDURÍA — LAS ÚLTIMAS PALABRAS. ESTA VEZ, David estaba listo. Anticipando el mareo que había sentido antes, cerró los ojos y puso en tensión todo el cuerpo. David podía sentir el cuero del rollo en su mano izquierda mientras lo sujetaba contra el brazo del trono. Se estaba sujetando como si su vida dependiera de ello. Por un momento, nada sucedió. Justo cuando David estaba a punto de relajarse, abrió los ojos para ver sus dedos deslizarse literalmente a través del marfil como si este fuera aire. El rollo estaba todavía en su poder, y las manos de David, al sostenerse tan firmemente a un objeto sólido solo unos momentos antes, en forma de reflejo se cerraron como puños mientras el trono desaparecía.

En el siguiente momento consciente, David estaba sentado en medio del ruido más estruendoso que jamás había escuchado en su vida. Su primer pensamiento mientras trataba de recobrar sus sentidos fue *trueno*, y miró hacia el cielo. De pronto, una mano le pegó con rudeza en el pecho, lo agarró de la camisa, y tiró de David con fuerza para hacerlo llegar al suelo. "¡Al suelo, hombre!", le dijo el hombre mientras empujaba la cara de David contra el polvo. "No sé si te pueden dar un tiro, pero no vamos a tratar de averiguarlo".

David volvió la cabeza presa del pánico y miró con asombro al hombre que lo había tirado al suelo. Tendría unos treinta y cinco años, cabello castaño oscuro y un bigote largo y poblado. Vestía pantalones azul marino con una descolorida franja amarilla al costado y una camisa de color indeterminado. Las ropas, como su dueño, parecían que no se habían lavado en un mes. Era más bien delgado y probablemente alto. Era difícil decirlo porque estaba tirado en el suelo disparando un viejo rifle desde un montón de rocas. El sonido que David había tomado equivocadamente por un trueno momentos antes era el sonido de un disparo de cañón.

Las balas silbaban sobre las rocas como enjambres de furiosas abejas. A su alrededor David escuchó alaridos de ira y dolor. A menos de treinta metros de distancia un hombre estaba apoyado contra un árbol, quejándose en agonía a causa de una herida en el estómago, mientras otro, al que le faltaba la pierna derecha debajo de la rodilla, se arrastraba lentamente hacia un amigo que ya estaba muerto. Las balas de cañón que erraban a los grupos de hombres pegaban en árboles cercanos, partiendo troncos tan gruesos como los soldados sobre los que caían.

El ruido era tal que David tenía que gritar para que lo oyeran. Eso no era un problema. De hecho, en aquel momento, era la cosa más natural del mundo; estaba aterrorizado. David agarró al soldado por el hombro y gritó: "¿Quién es usted?"

El hombre se había vuelto de espaldas a las rocas, donde estaba recargando su fusil por la boca. "Chamberlain", gritó. "¡Chamberlain del Veinte de Maine!", y comenzó a disparar otra vez.

Una vez más el hombre llamado Chamberlain se dio vuelta para volver a cargar su fusil. Se echó torpemente sobre un costado mientras mordía el papel de una ronda y la empujaba por el cañón del arma con una varilla de metal. "¿Qué pasa?", vociferó David. "¿Dónde estamos?" David nunca había estado tan asustado en su vida.

"¡Mantente abajo!", gritó Chamberlain como respuesta. "Ahora no hay tiempo. Hablaremos luego… espero".

David miró ansiosamente a su alrededor. Se dio cuenta de que las rocas tras las que se habían agazapado habían sido amontonadas como una especie de muro improvisado que se extendía a más de cincuenta metros a su derecha y cincuenta metros a su izquierda. Estaban casi en la cima de una empinada colina boscosa rodeados de una ladera. Chamberlain continuaba disparando hacia abajo, volvía a cargar su fusil y les gritaba palabras de aliento a sus hombres.

Justo detrás de Chamberlain, David vio a un hombre que fue lanzado hacia atrás; la sangre de una herida en su garganta formaba un arco en el aire. Este cayó sobre sus rodillas y sus manos. Sacudiendo despacio la cabeza, se arrastró hacia David. Al alcanzar el muro se movió lentamente sobre su espalda, cayendo su brazo sobre la pierna de David. El hombre miró hacia arriba, sonrió y murió. Cuando David se fijó en los ojos sin vida, se horrorizó al descubrir que el soldado era un muchacho, que sin duda no tenía más de quince años.

ANDY ANDREWS

David no se dio cuenta del preciso momento cuando cesó
el tiroteo. Había permanecido agazapado contra las rocas,
mirando el rostro sin vida del muchacho, hasta que la mano
de Chamberlain lo sacó de su estupor. El hombre rozó suavemente los ojos del joven soldado, cerrándolos, y dijo: "Neil-
son. Era un buen muchacho". Con un ademán señaló hacia
un hombre, evidentemente muerto, que yacía atravesado sobre el muro a no más de diez yardas de distancia. "Ese era su
padre. Hiram era cajero de un banco en Bangor. Ambos se
unieron cuando se formó este regimiento el pasado otoño.
Éramos mil en aquel entonces. Los trescientos que quedan
están a lo largo de este montón de rocas".

Chamberlain se paró y le ofreció la mano a David. Al ayudarlo a ponerse de pie, le dijo: "Soy el coronel Chamberlain.
Joshua Lawrence Chamberlain. Sé por qué estás aquí, pero
no sé tu nombre".

"Me llamo David Ponder, señor. ¿No hay peligro en estar
parado de esta manera?"

"No ahora", le dijo Chamberlain mientras se sacaba una
pequeña ramita del bigote. "Pero seguro regresarán. Esa fue la
cuarta vez que intentaron derrotarnos".

"Si no le molesta mi pregunta", balbuceó David, "¿quiénes son ellos?".

El coronel inclinó la cabeza y frunció el entrecejo. "¿Quiénes?, los muchachos de Lee… el Ejército de Virginia del Norte.
Tenemos la mitad de la dotación de guerra de la Confederación
frente a nosotros en una larga línea que se extiende hasta un pequeño pueblo cerca de un kilómetro y media en esa dirección".
Chamberlain señaló con su rifle.

"¿Cómo se llama el pueblo?", le preguntó David.

"Gettysburg", le informó Chamberlain. "¿Has oído hablar de él alguna vez?"

David inclinó la cabeza mientras sentía un frío que le comenzó en lo profundo del estómago. "La Guerra Civil", susurró.

"¿Qué?", preguntó Chamberlain.

"Dije que esta es la Guerra Civil".

"Umm", resopló Chamberlain. "Así es como *tú* tal vez la llames. Quédate aquí un ratito. Puedo asegurarte que no hay nada de civil en ella. Ven conmigo", dijo y comenzó a caminar. "No tendremos mucho tiempo antes que nos ataquen de nuevo".

"¡Joshua!" Los dos hombres se volvieron cuando escucharon el grito. "¡Joshua!"

Eran Tom y John Chamberlain, los hermanos menores del coronel. Tom era teniente del regimiento, mientras que John, un musculoso joven, había sido forzado a servir prestando primeros auxilios. Ambos eran casi tan altos como el coronel, y exhibían bigotes y patillas que casi cubrían sus rostros. Poseían una cierta jovialidad que hacía mucho que había desaparecido del rostro de su hermano mayor. "Estás un poco más sucio que de costumbre, Joshua, pero te ves bien. ¿Estás bien?", le preguntó John.

"Sí. Muy bien hasta ahora. ¿Y tú?"

"Hasta ahora, bastante bien", dijo John. David siguió a los tres hermanos mientras caminaban rápidamente a lo largo del muro. "Alcanzaron al sargento Tozier, pero no tiene una herida seria. Su sección sufrió fuertes pérdidas".

"¿Cómo vamos, Coronel?" La pregunta vino de un hombre de aproximadamente cincuenta años. Tenía un vendaje alrededor de la cabeza y estaba muy ocupado tratando de ayudar a que un amigo herido se sintiera cómodo.

"Les estamos dando un mal rato, soldado", dijo Chamberlain. "Continuemos de esta forma". Volviéndose hacia sus hermanos, le dijo: "John, sube a la colina y busca un lugar para los heridos. Tom, ve a la retaguardia del regimiento y fíjate que esté bien cerrada. Y dile a los hombres que alarguen sus líneas. Extiende por lo menos a la mitad de los hombres a la izquierda de esa roca grande. Los confederados se están abriendo paso y si logran flanquearnos…", la voz de Chamberlain pareció perderse. "Bien", continuó, "no pueden flanquearnos. Eso es todo". Comenzaron a alejarse cuando su hermano mayor los detuvo de nuevo. "Muchachos", dijo, "no me gusta esto. Mantengan la cabeza baja. Con todos nosotros aquí, este podría ser un día desafortunado para mamá".

Mientras sus hermanos se iban aprisa, Chamberlain se volvió hacia David y le indicó que lo siguiera. Se abrieron paso a través de los árboles derribados y las desplomadas secciones del muro, pasando con cuidado por encima de los hombres que se preparaban para pelear otra vez y aquellos que ya no pelearían más. El coronel se subió sobre la gran piedra que antes le había indicado a su hermano y ayudó a David a subir a su lado. "Los puedes ver desde aquí", dijo.

David echó una ojeada a través del humo que todavía flotaba pesado en el aire. Siguiendo la mirada de Chamberlain, divisó los uniformes grises y amarillo pálido del ejército confederado agrupándose abajo. Estaban a menos de ciento cincuenta metros de distancia. David pudo ver sus sombreros y en ocasiones un rostro que alzaba la vista hacia la colina.

"¿Quién es usted?", le preguntó David.

Chamberlain había estado mirando colina abajo con los ojos entornados, pero ante esta pregunta, volvió de repente la cabeza hacia el visitante. "¿Qué? Ya te lo he dicho. Me llamo…".

"Eso no es lo que quiero decir", lo interrumpió David. "Quiero decir ¿quién *es* usted? No se ofenda, pero, ¿es alguien famoso? En los demás lugares donde he aparecido, era para ver a alguien… bien… famoso".

Chamberlain rió. Fue una risa breve y seca, desprovista de humor. "¿Famoso? Hace diez meses era maestro de escuela. Ahora soy soldado. En todo caso, por un tiempo. De hecho, empecé a soñar contigo más o menos cuando me incorporé al ejército. Conocía tu apariencia, tu estatura". El coronel haló la camisa de David. Sabía incluso que vestirías esto. Nunca antes tuve sueños como este. Extraños, constantes, todas las noches durante meses. ¿Quieres escuchar algo bien raro? Justo antes que llegaras, allí en medio de la batalla, miré hacia arriba y levanté la mano, y entonces apareciste tú. Cerré el puño sobre tu camisa y te hice bajar. Cuando levanté la mano para agarrarte, sabía que estarías ahí. Fue exactamente como en mis sueños".

"¿Por qué está aquí?", le preguntó David.

Chamberlain lo miró con curiosidad. "¿Te refieres a la guerra en general o a esta específica y desolada colina?"

"A ambas, supongo".

"Umm", Chamberlain se frotó la barba. "Me incorporé al ejército de la Unión por mil razones, en realidad, lo mismo, que cualquier otro. Una fue el patriotismo, otra que estábamos aburridos. Sentíamos vergüenza de *no* incorporarnos. Pensamos que sería algo rápido y divertido. Aunque pienso que, en la mayoría de los casos, nuestros hombres dejaron sus hogares y familias porque era lo que correspondía hacer".

Chamberlain se quedó callado un momento, distraído por los hombres que se formaban tras los árboles caídos mientras extendían su línea. "Coronel", gritó uno de los hombres. "La maleza aquí es muy espesa. ¡No podemos ver a treinta metros!"

"Cava y quédate donde estás, hijo", le respondió Chamberlain con otro grito. "¡Estarán mucho más cerca de eso!"

Tras un breve momento de silencio, David le dijo a Chamberlain. "Coronel", comenzó. "Dijo que se incorporó porque pensaba que era lo correcto".

"Sí", continuó Chamberlain. "A lo largo de los siglos se han librado guerras por tierra, o por mujeres o por dinero. Miles de personas han muerto en batallas causadas por celos o un insulto. Más de una vez, los hombres han peleado porque un rey o presidente les dijo que pelearan". Chamberlain se volvió para estar frente a David y lo miró a los ojos. "David Ponder, te digo que esta es la primera vez en la historia que los hombres han peleado para liberar a otro hombre. La mayoría de nuestros muchachos de Maine nunca ha visto un hombre de piel negra, pero si es verdad que todos los hombres fueron creados iguales, entonces estamos peleando el uno por el otro. Peleamos porque es lo correcto".

El coronel sostuvo la mirada de David durante un largo rato, entonces se volvió lentamente para observar la línea de hombres. "Ya no estoy seguro de lo que esperaba con exactitud cuando me incorporé a esta guerra, pero no era esto". Descendió hasta ponerse en cuclillas balanceándose con facilidad sobre sus pies. Tomando distraídamente una maleza que había crecido entre las rocas, Chamberlain dijo: "¿Sabes?, yo estuve en Fredericksburg". No era una pregunta. Era una afirmación.

"Tres mil de nosotros atacamos un muro de rocas igual a este. Atravesábamos el campo a la puesta del sol. Nos dispararon desde unos cincuenta, sesenta metros. Caímos en olas. Literalmente, oleadas de hombres cayeron al igual que cae una cortina al terminar una obra de teatro. El ataque fracasó, pero logré llegar al muro. Permanecí tendido allí toda la noche, demasiado asustado para retirarme, sentía mucho frío. Me escondí entre los cadáveres para calentarme, escuchando a nuestros hombres disparar y a los de ellos responder al fuego. Escuché el ruido que hace una bala cuando pega en un cadáver, que es completamente diferente al sonido de una bala en una persona viva".

Chamberlain sacudió la cabeza con fuerza como para ahuyentar los recuerdos. "Ah, bien", dijo mientras se ponía en pie. Había sacado la maleza de la roca y la usaba como una espada, apuntando de nuevo al muro. "Eso nunca ocurrirá aquí. Este muro no los detendrá mucho más. No nos quedan suficientes hombres". Tiró la maleza al suelo. "Tengo un presentimiento", dijo, "de que si perdemos esta batalla, la guerra habrá terminado".

David se levantó junto al coronel. "¿Por qué escogió defender este lugar?"

"No lo escogí", dijo Chamberlain secamente. "El coronel Vincent me colocó aquí esta mañana".

"Somos el extremo izquierdo del ejército de la Unión. El Ochenta y tres de Pensilvania está formado a nuestra derecha, pero a nuestra izquierda no hay nada. Somos el final de una línea que corre desde aquí hacia atrás hasta Gettysburg. Eso significa que no puedo retirarme. Si los confederados nos flanquean, y nos derrotan, se introducirán tras nuestros cañones y barricadas, y el ejército del Potomac habrá perdido. Ochenta mil hombres sorprendidos por detrás en una carga colina abajo sin protección. Y si sucede, tendrán que pasar a través de mis líneas".

En ese preciso momento, David escuchó resonar un sonido fantasmal colina abajo. Cada vez más alto, hasta alcanzar un sonido agudo, mil voces se extendían en un alarido largo y continuo. Era el grito de los confederados. Venían. David avistó brevemente a los soldados a través de los árboles mientras subían la empinada colina.

Chamberlain se había vuelto para encaminar a David fuera de la piedra cuando cayó un disparo de cañón. Al golpear la base de la piedra sobre la que estaban parados, el proyectil lanzó a ambos hombres al aire. Cuando golpeó el suelo, David sintió como si un gran vacío hubiera succionado todo el aire de su cuerpo. Antes que pudiera comprobar si lo habían herido, antes que fuera capaz de respirar siquiera, Chamberlain lo había tomado del brazo arrastrándolo a la protección del muro.

Sólo los cañones disparaban ahora, notó David mientras luchaba por lograr que sus pulmones funcionaran otra vez. Todavía podía escuchar los escalofriantes alaridos mientras los confederados se abrían paso colina arriba. Se puso de rodillas y echó un vistazo sobre el muro. Estaban a la vista. A David le pareció como si el ejército confederado estuviera a punto de caerle encima. *¡Disparen!*, pensó. *¡Por amor de Dios, disparen! ¡Ya están aquí!*

Pareció una eternidad, pero finalmente, David escuchó a Chamberlain dar la orden: "¡Disparen!" Se escuchó un prolongado estallido de disparos de rifles. Comenzó cerca de David y corrió como si hubiera estado conectado a un fusible, hacia la línea de la derecha. Gran cantidad de confederados cayó a la primera andanada. Después de eso fueron más cuidadosos, utilizando los árboles para protegerse del fuego mortal, pero aún venían.

Los disparos eran ahora continuos. Para David, sonaban como truenos y petardos lanzados dentro de un terremoto. El hombre que estaba a su lado gruñó y cayó de espaldas, con la cabeza y el rostro ensangrentados. Ante el asombro de David, el hombre se sentó, sacó un pañuelo de su bolsillo y se enrolló la tela en la cabeza. Limpiándose la sangre de los ojos con una manga, alzó su rifle y comenzó a cargarlo para disparar de nuevo.

Chamberlain estaba ahora dirigiendo a sus hombres y se había separado un poco de David. Línea abajo, unos cuantos confederados habían llegado al muro. La mayoría de los disparos eran a quemarropa. El coronel había sacado su pistola, y David observó a Chamberlain y a un confederado, a una separación de no más de un metro, apuntar las armas el uno al otro. El soldado confederado cayó en medio de una neblina roja. Chamberlain continuó disparando a blancos a su alrededor hasta que, sin previo aviso, los confederados se retiraron.

Tan súbitamente como habían aparecido, se retiraron. Los hombres de Chamberlain se levantaron cautelosos para evaluar su situación. David caminó rápidamente hacia el coronel, quien se apartaba de él. El muro de piedra a su izquierda estaba cubierto con cuerpos con uniformes azules y grises. Pasó junto a un hombre que lloraba y maldecía mientras sostenía a un joven entre sus brazos.

Al alcanzar a Chamberlain trotando, David se adelantó y tocó su hombro. "Coronel", dijo. Chamberlain se detuvo, mirando fijamente hacia adelante. "¿Coronel? Sé que está muy ocupado y no quiero molestarlo, ¿pero por qué estoy aquí?"

Chamberlain sacudió lentamente la cabeza. "No lo sé. Sólo sabía que vendrías".

"Hay algo que debo aprender de usted", suplicó David. "Estoy seguro de eso. Piense, ¿qué puede ser?"

El coronel sonrió levemente y levantó las cejas. Volviéndose a David, dijo: "Soy un profesor de retórica. Estoy seguro de que no tengo nada que te interesaría aprender. Soy maestro con una causa en mi corazón y hombres que dirigir. Estos pobres hombres… su líder no tiene conocimientos de táctica o del arte de la guerra. Soy sólo un hombre testarudo, David. Esa es mi ventaja más grande en esta lucha. En lo profundo tengo algo que me impide no hacer nada. Puedo morir hoy, pero no moriré con una bala en la espalda. *No* moriré en una retirada. Por lo menos, soy como el apóstol Pablo, que escribió: "Una cosa hago… prosigo a la meta".

"¿No tiene algo escrito para darme?", le preguntó David.

Por un momento, David pudo ver que Chamberlain no entendía su pregunta. Entonces en sus ojos brilló una mirada diferente, recordó algo. "Sí", dijo. "Es cierto. Casi lo había olvidado".

Buscando en su bolsillo, sacó una pequeña bolsa de guardar tabaco. La bolsa de color azul marino, bordada en la solapa con espadas cruzadas, el símbolo de un luchador, era del tamaño de una mano. Había sido hecha de una tela gruesa, pero el rudo trato recibido había desgastado la bolsa y ahora se veía muy suave. Los dos botones dorados que cerraban la solapa eran de metal grabado con la imagen de un águila. La bolsa de guardar tabaco estaba muy gastada y raída, pero todavía era bella, con una cualidad real, hasta cierto punto, y su dueño era un oficial.

Chamberlain abrió la bolsa y extrajo un pequeño pedazo de papel doblado. "Escribí esto hace más de dos meses", dijo. "Ya no teníamos tabaco, por lo que lo metí aquí para conservarlo en un lugar seguro". Pasándole el papel a David, dijo: "De hecho, estoy un poco confuso sobre lo que escribí. Me desperté en medio de la noche después de uno de esos sueños. Las palabras que tienes ahí me daban vueltas en la mente tan claras como el día. Encendí la lámpara, encontré un tintero, y las escribí en el papel. Sabía que eran para ti".

"Gracias", dijo David mientras sostenía el papel en la mano.

"Para mí fue un placer", replicó Chamberlain. "Todo esto ha sido una situación muy curiosa. Entre paréntesis, ¿cómo te vas de aquí?"

David levantó el papel. "Todo lo que tengo que hacer es leer esto", dijo chasqueando los dedos, "y me voy".

Chamberlain miró a su alrededor. Al notar que su hermano Tom y varios otros se acercaban, puso la mano sobre el hombro de David, y dándole un apretón le dijo: "Si eso es todo lo que tienes que hacer, entonces, hermano, tal vez lo quieras leer ahora".

Se volvió para irse, entonces giró de nuevo hacia David. Todavía tenía en la mano la pequeña bolsa de guardar tabaco. Extendiéndola, se la ofreció a David. "De todas maneras, no voy a conseguir más tabaco", dijo Chamberlain.

Falto de palabras, David tomó el regalo y observó partir al coronel. Momentáneamente solo, todo en su interior lo inclinaba a seguir el consejo de Chamberlain. *Lee el papel ahora*, se dijo a sí mismo. *Vete de aquí*. Pero algo lo impulsaba a quedarse, a observar.

David colocó otra vez el precioso pedazo de papel en la bolsa de guardar tabaco, la puso en el bolsillo de sus pantalones y caminó lentamente hacia el grupo de hombres que rodeaban al coronel Chamberlain. Allí estaba el sargento Tozier, el viejo soldado testarudo que llevaba la bandera insignia. Tozier tenía un grueso pedazo de tela metido en un agujero en el hombro donde antes lo habían herido. "No hay ayuda de la Ochenta y tres", gruñó. "Están bajo un fuego implacable. Todo lo que pueden hacer es extender un poco la línea. Nos están matando en el flanco".

"¿Podemos extendernos?", preguntó Chamberlain.

"No hay nada que extender, Joshua", contestó su hermano Tom. "Han caído más de la mitad de nuestros hombres".

"¿Cómo estamos de munición?"

"Hemos disparado mucho".

"¡Sé que hemos disparado mucho! Quiero saber cómo estamos de munición ".

"Lo comprobaré, señor".

Mientras Tom se alejaba, llegó la voz de un joven soldado que se había subido a un árbol. "Se forman de nuevo, coronel". Chamberlain miró hacia arriba para ver al muchacho que señalaba colina abajo. "Se están formando en este mismo momento", dijo, "y han recibido refuerzos. Ahora son más numerosos".

"¡Señor!", el sargento Ruel Thomas dijo sin aliento, llegando a ellos con cierta vacilación. "Coronel Chamberlain, señor. Señor... el coronel Vincent ha muerto".

"¿Está seguro, sargento?"

"Sí, señor. Lo mataron al principio de la batalla. Nos manteníamos firmes en el frente de la Brigada de Weed, pero ahora Weed ha muerto. Ellos hicieron mover la batería de Hazlett hasta la cima. Hazlett también ha muerto".

Tom regresó corriendo. "Joshua", dijo, "estamos liquidados. Una, dos salvas por hombre cuando mucho. Algunos de los hombres no tienen absolutamente nada".

Chamberlain se volvió a un individuo delgado que estaba parado a su derecha. Era el primer sargento Ellis Spear. "Spear", dijo con calma, "dile a los hombres que tomen las municiones de los heridos y de los muertos".

"Quizás deberíamos pensar en retirarnos, señor", dijo Spear con cautela.

"No nos retiraremos, sargento", replicó Chamberlain con severidad. "Cumple mis órdenes".

"Coronel", dijo Tozier. "Señor, no los detendremos de nuevo. Usted sabe que no lo haremos".

"Joshua". Era Tom quien hablaba de nuevo. "Ahí vienen".

David había estado escuchando el intercambio entre los oficiales, como hipnotizado por lo horrible de la situación, pero cuando oyó los gritos de los confederados llegándoles desde los árboles una vez más, la sangre se le congeló. *He esperado demasiado para leer el papel*, pensó. *Ahora nunca saldré de aquí.* Mientras agarraba la bolsa de tabaco, una sensación de calma lo invadió con ese mismo apremio que ya le era familiar: espera, observa, escucha, aprende.

Chamberlain estaba parado encima del muro, a plena vista, con los brazos cruzados, mirando hacia abajo, al enemigo que avanzaba. El sargento Spear había regresado y estaba parado a los pies de su coronel. Tozier, Tom y otro teniente, un muchacho llamado Melcher, estaban también agrupados debajo. David se paró cerca del grupo. "¡Joshua!", gritó Tom. "¡Da una orden!"

Chamberlain permaneció inmóvil. Sumido en sus pensamientos, estaba estudiando rápidamente la situación. *No podemos retirarnos*, se dijo a sí mismo. *No podemos quedarnos aquí. Cuando estoy enfrentado la decisión de no hacer nada o hacer algo, siempre decido actuar. Soy una persona de acción.* Dándoles la espalda a los confederados, miró a sus hombres abajo. "Armen las bayonetas", dijo.

Al principio, nadie se movió. Sólo lo observaron con la boca abierta. "Tendremos la ventaja de movernos colina abajo", dijo Chamberlain. "Armen las bayonetas ahora. Hagan que el todo el regimiento ejecute una gran rueda a la derecha. Comiencen con la izquierda".

El teniente Melcher habló. Estaba confundido. "Señor", preguntó, "¿qué significa una gran rueda a la derecha?" Pero el coronel ya había saltado de las rocas.

Tozier contestó la pregunta. "Él quiere decir que ataquemos, hijo. 'Una gran rueda a la derecha' es un ataque con todas las fuerzas".

David observó asombrado mientras Chamberlain sacaba su espada, saltaba sobre el muro, y gritaba: "¡Bayonetas! ¡Bayonetas!" Dándose vuelta, el coronel apuntó directamente con la espada hacia David y bajó levemente la cabeza. Entonces giró para enfrentar la abrumadora disparidad y cortó el aire con su espada. Con un poder nacido de la rectitud y el miedo, el maestro de Maine rugió a sus hombres: "¡A la carga! ¡A la carga! ¡A la carga!" Y ellos lo hicieron.

Saltando sobre el muro, los hombres que quedaban elevaron sus voces para emular la voz de su líder. "¡A la carga!", gritaron. "¡A la carga! ¡A la carga!"

David corrió hacia el muro y miró colina abajo. Estaba pasmado al ver la fuerza confederaba que avanzaba, de pronto detenerse en su trayectoria. Casi de inmediato, los soldados se dieron vuelta y corrieron. Unos cuantos de los más valientes vaciaron sus rifles antes de dejarlos caer para seguir al resto. Como a unos setenta metros colina abajo, David divisó a Chamberlain. Tenía su mano izquierda apoyada en el tronco de un árbol, y en la derecha sostenía la espada, cuya punta descansaba en la clavícula de un oficial confederado. El hombre tenía las manos levantadas. La batalla había terminado.

David se subió a las rocas y se sentó. Apoyado en el muro, sacó la bolsa del bolsillo. Mientras miraba colina abajo, frotó los dedos sobre el sedoso material. Se lo acercó a la cara y olfateó la mezcla de tierra, sudor y tabaco viejo. Luego de abrir la solapa, David removió el papel que Chamberlain había escrito. Con un vistazo final colina abajo y un profundo suspiro, David abrió la página.

La tercera decisión para tener éxito

Soy una persona de acción.

A partir de hoy, crearé un futuro nuevo creando un nuevo yo. Ya no moraré en un abismo de desesperanza, quejándome del tiempo desperdiciado y de la oportunidad perdida. No puedo hacer nada acerca de mi pasado. Mi futuro es lo inmediato. Lo tomaré con ambas manos y lo llevaré con pies ligeros. Cuando me enfrente a la decisión de no hacer nada o de hacer algo, ¡siempre decidiré actuar! Aprovecho este momento. Hago la elección ahora.

Soy una persona de acción. Soy enérgico. Me muevo con rapidez.

Sé que la pereza es un pecado, así que crearé el hábito de una conducta activa. Caminaré con paso ágil y una sonrisa en el rostro. La sangre que me corre por las venas me urge a subir y a seguir adelante hacia la actividad y el logro. La riqueza y la prosperidad se esconden del holgazán, pero la persona que se mueve con rapidez recibe muchas recompensas.

Soy una persona de acción. Inspiro a otros con mi actividad. Soy un líder.

Dirigir es hacer. Para dirigir, debo moverme hacia delante. Muchos se apartan del camino de una persona que corre; otros quedan atrapados en su estela. Mi actividad creará una ola de éxitos para la gente que me sigue. Mi actividad será consecuente. Esto infundirá confianza en mi liderazgo. Como líder, tengo la capacidad de alentar e inspirar a otros para que lleguen a la grandeza. Es verdad: ¡Un ejército de ovejas dirigido por un león derrotaría a un ejército de leones dirigido por una oveja!

Soy una persona de acción. Puedo tomar una decisión. Puedo hacerlo ahora.

Una persona que no se mueve ni a derecha ni a izquierda está destinada a la mediocridad. Cuando se enfrentan a una decisión, muchos dicen que esperan por Dios. Pero entiendo que en la mayoría de los casos Dios espera por mí. Él me ha dado una mente sana para reunir y seleccionar información, y el valor para llegar a una conclusión. No soy un perro tembloroso, indeciso y temeroso. Mi constitución es fuerte y mi senda clara. La gente exitosa toma sus decisiones con rapidez y cambia de opinión con lentitud. Los fracasados toman sus decisiones con lentitud y cambian de opinión con rapidez. Mis decisiones son rápidas y llevan a la victoria.

Soy una persona de acción. Soy una persona osada. Soy valiente.

El miedo ya no tiene cabida en mi vida. Durante demasiado tiempo, el miedo ha superado mi deseo de mejorar las cosas para mi familia. ¡Nunca más! En primer lugar, ¡he desenmascarado al miedo como una quimera, un impostor que nunca tuvo poder alguno sobre mí! No le temo ni a la opinión ni al chisme, ni a la ociosa habladuría de los monos, porque todo eso es lo mismo para mí. No le temo al fracaso, porque en mi vida, el fracaso es un mito. El fracaso existe sólo para la persona que cede, que abandona. Yo no cedo.

Soy valiente. Soy líder. Aprovecho este momento. Escojo ahora.

Soy una persona de acción.

SEIS

LA NÁUSEA FUE MÁS PRONUNCIADA ESTA VEZ. CUANDO desapareció el muro de piedra a espaldas de David, de inmediato él sintió que lo hundían, lo alzaban y luego lo hundían de nuevo. Cerrando los puños y agachando la cabeza, David se preguntó cuándo terminaría el cambio de tiempo. La sensación de náusea era casi abrumadora. David abrió los ojos con cuidado y comprendió. El movimiento que había sentido no era parte del viaje; había llegado en menos de un instante. Estaba en una embarcación.

Estaba oscuro, pero pese a la oscuridad, David pudo ver el agua a la luz de las estrellas. Sabía que era el océano porque el olor salino le recordaba las vacaciones en la playa con Ellen y Jenny. Los movimientos de la embarcación le molestaban menos a medida que su visión se acostumbraba a lo que estaba a su alrededor. Tocando a tientas, David descubrió que se hallaba sentado sobre un gran rollo de cuerdas. Al menos pensó que se trataba de cuerdas. Eran más ásperas y menos uniformes que ninguna de las cuerdas que jamás había utilizado. Se sentía como si las hubieran hecho de hierba.

Al tocar las cuerdas, David recordó que todavía sostenía el papel de Chamberlain en una mano y la bolsa de tabaco en la otra. Con alegría y asombro de que la bolsa hubiera venido con él, David se apresuró a colocar el papel dentro de ella y la abotonó. Entonces recordó la página de Truman y el rollo de cuero de Salomón. Los sacó del bolsillo, colocó los primeros dos valiosos escritos dentro de la bolsa de tabaco del coronel junto con el tercero y se los guardó de nuevo en el bolsillo del pantalón.

Con cautela, David se levantó del lugar al que había llegado. Estaba rígido y un poco adolorido como si hubiera estado inmóvil durante mucho tiempo. Al mirar hacia arriba, David observó una gran tela de textura firme, una vela, y sonrió. Había navegado con su padre cuando niño. Pequeños lagos y pequeños botes; ¡nada de este tamaño! "A papá le encantaría todo esto", dijo en voz alta. Entonces frunció el entrecejo. "¿Dónde estás, papá?", susurró.

De pronto, David se sintió muy solo y muy cansado. Se hundió en la pila de cuerdas y echó la cabeza hacia atrás mientras las lágrimas asomaban a sus ojos. ¿Volvería a ver otra vez a Ellen? ¿O a su hija? La dulce Jenny. ¿Qué estarían pensando ahora? ¿Estarían asustadas? ¿Contentas? ¿Habrían transcurrido diez minutos… o cien años?

"¡Amigo! ¡Psst! ¡Amigo!" David sintió un tirón en la manga y abrió los ojos. Todavía estaba oscuro, aunque sintió como si hubiera estado dormido durante un tiempo. "Amigo", una figura murmuró con urgencia: "Por favor, ven conmigo". Después que lo levantaron de un tirón, David siguió la figura de un hombre pequeño y macizo mientras se movía alrededor de barriles, cuerdas y palos, abriéndose paso hacia el centro de la embarcación.

Al esforzarse por seguirlo, David tropezó en varias ocasiones hasta que, por último, el hombre se detuvo en la base del mástil. Era un palo grande, más ancho de lo que David hubiera podido abarcar con los brazos, que se elevaba en la oscuridad. Era el mástil de la vela mayor, y estaba cubierto de cuerdas y rodelas. Sin mirar a David, el hombre dijo simplemente: "Arriba" y le indicó con la mano a David que lo siguiera.

En segundos el hombre casi se perdió de vista, subía con mucha rapidez. David se apuró por seguirlo, pero era como gatear por una tela de araña. En solo un momento, sin embargo, sintió que una mano lo agarraba de la camisa. El pequeño hombre era muy fuerte. Levantó a David sobre el borde y dentro de una cápsula de madera construida en torno a la parte superior del mástil. Estaban en la torre del vigía.

El hombre alisó la camisa donde lo había agarrado, entonces colocó ambas manos sobre los hombros de David. "Bienvenido. Bienvenido, mi amigo", dijo en voz baja pero con entusiasmo. "Tengo mucho gusto de conocerte. ¿Cómo te llamas?"

"Me llamo David, David Ponder".

"Ah, señor Ponder. ¿Puedo llamarte David?"

"Sí, por supuesto".

"¡Excelente! ¿Tienes hambre?"

"No, en realidad no. Yo…".

"Bueno, en realidad tenemos muy poca comida, ¡y la que tenemos está llena de gusanos!" David se estremeció. "Pero no hay problema", dijo el hombre. "Nuestro viaje casi llega a su fin".

A pesar de la oscuridad, el destello de las estrellas sobre el agua iluminaba la torre del vigía con un suave resplandor. David pudo ver ahora al hombre con claridad. Tenía cabello color castaño rojizo, muy rizado, que descendía casi hasta sus hombros. Usaba un sombrero verde triangular, con la punta delantera hacia arriba. El resto de su vestimenta, excepto por una chaqueta de grueso lienzo, estaba en andrajos. Los pantalones del hombre le caían en tiras alrededor de los tobillos, y sus zapatos habían virtualmente desaparecido; tenía pedazos de cuero envueltos en los pies.

"¿Le puedo preguntar *su* nombre, señor?", le dijo David.

"Ah, sí, por supuesto". El hombre se puso una mano en la cabeza. "¡Qué descortés de mi parte! Soy el capitán Colón. El capitán Cristóbal Colón, patrono de la *Santa María*, a tu servicio". Hizo una pequeña reverencia.

"¿Colón?", le preguntó David. "¿Columbus? ¿Usted es Christopher Columbus?"

"Sí". El hombre sonrió, un poco confundido. "Columbus es la pronunciación inglesa de mi nombre, pero tu portugués es impecable. Naturalmente asumí…".

David sonrió. "Esta noche estoy hablando solamente portugués".

Colón inclinó la cabeza como si tratara de comprender lo que David consideraba gracioso. "Ya veo", dijo, aunque para David resultaba obvio que no había comprendido. Juntando las manos y frotándolas vigorosamente, Colón cambió el tema. "Cualquier cosa que estés haciendo esta noche", dijo, "pronto la noche se habrá ido. ¡El sol nos acompañará en breve!"

El movimiento del navío era más pronunciado en la elevada plataforma, pero por otra parte, David se sentía seguro, casi confortable. Desde esa altura, podía divisar abajo que la embarcación no era muy grande en comparación con lo vasto del mar por el que navegaba. Con menos de sesenta metros de largo, la *Santa María* chirriaba y sonaba con el vaivén de las suaves olas. Al mirar tras ella, David casi pudo observar las sombras de otras dos embarcaciones. Se movían ondulantes a casi cien metros detrás, flanqueando a su líder a ambos lados.

"¿La *Niña* y la *Pinta?*", preguntó David.

"Ah, sí", respondió Colón. "Ambas son embarcaciones seguras, aunque no tan lujosas como esta". Moviendo los brazos hacia abajo, señaló la cubierta de la *Santa María*.

David contuvo una sonrisa. "¿Sabe usted dónde está?", le preguntó.

"Ciertamente". Colón sonrió. "¡Estoy aquí! ¿Sabes tú dónde estás?"

David miró a su alrededor. "¿En el Atlántico?"

"¡Bien! ¡Bien!", dijo Colón mientras le daba unas palmaditas a David en la espalda. "¡Eres un navegante maravilloso!"

David estaba algo confundido y un poco más que inquieto. Habló de nuevo. "¿Sabe usted *en realidad* dónde está?", le preguntó.

"¿Tiene eso alguna relación con lo que puedo lograr?", le preguntó a su vez Colón.

"No entiendo muy bien", dijo David.

"He escuchado esa pregunta de una forma u otra desde que era niño", comenzó Colón. "¿Sabes dónde estás? ¿Sabes *lo que* eres? Colón, no eres un hombre letrado. Colón eres pobre. ¡Eres el hijo de un tejedor! ¿Qué sabes sobre el mar?" Sacudió la cabeza con disgusto. "'¿Sabes dónde estás?' es una pregunta que no me afecta en lo más mínimo. Pero, '¿sabes hacia dónde vas?', ¡esa es una pregunta que puedo contestar! Así que, pregúntame eso".

"¿Perdóneme? ¿Preguntarle…?"

"Pregúntame: '¿Sabe hacia dónde va?' ¡Pregúntame!"

"Está bien". David se encogió de hombros. "¿Sabe hacia dónde va?"

Durante los pocos minutos que los dos hombres habían estado en la torre del vigía, habían conversado en un tono tranquilo y mesurado. Sin embargo, en ese momento, Colón obtuvo la pregunta por la que había estado esperando. Respondió con voz de trueno. Llevada por el agua, sonó como la voz de Dios. Extendió la mano hacia delante y apuntando hacia el cielo en dirección al occidente, exclamó: "¡Sí! ¡Sí! ¡Sé hacia dónde voy! ¡Voy hacia un nuevo mundo!"

Un estremecimiento recorrió la espina dorsal de David mientras observaba al explorador señalar hacia la oscuridad. Por un momento, ninguno de los hombres pronunció una palabra. Aclarándose la garganta, David rompió el silencio. "¿Cuánto hace que salió de España?", le preguntó.

"Sesenta y cuatro días", dijo Colón mientras bajaba el brazo, "y hoy veremos tierra. Mira hacia atrás". David se volvió y vio un resplandor en el cielo al oriente. "Pronto amanecerá. Cuando suceda, directamente al frente de la *Santa María* verás tierra. ¡Una tierra hermosa con árboles y frutos y animales y gente que nos recibirá como héroes! El agua que brota del suelo será fría y pura. ¡Brotará en burbujas como si estuviera salpicada de diamantes! ¡Este será un lugar donde se realizarán los sueños de los hombres, un glorioso nuevo mundo descubierto por Cristóbal Colón en el nombre del rey Fernando y de la reina Isabel!"

David se inclinó hacia delante y puso las manos sobre el borde de la torre del vigía. "Ellos son el rey Fernando y la reina Isabel de España, ¿no es verdad?", le preguntó.

Colón asintió con la cabeza. "Ellos son los que han financiado esta expedición. El rey Juan de Portugal, mi rey, dijo no a esta gran oportunidad, como lo hicieron los reyes y reinas de muchos otros países. Diecinueve años, mi amigo. Tomó diecinueve años encontrar personas que me auspiciaran. Durante diecinueve años soporté la agonía de la humillación pública por mis convicciones".

"¿Qué convicciones?", le preguntó David.

"La convicción…", dijo Colón, levantando la voz, "no, la absoluta certidumbre de que puedo establecer una nueva ruta comercial navegando hacia el oeste. ¡El oeste!"

Colón tomó a David por los hombros y lo sacudió una vez mientras decía: "¡Mi amigo! ¡El mundo es una esfera! ¡No es plano! Navegamos *alrededor* de la tierra sobre la suave superficie de una esfera. ¡No nos caeremos por ningún borde imaginario!"

"¿Es usted la única persona que cree esto?", le preguntó David.

"Por el momento, sí", dijo Colón, "pero eso no me molesta en lo más mínimo. La verdad es la verdad. Si mil personas creen en una necedad, ¡sigue siendo una necedad! La verdad nunca depende del consenso de las opiniones. He encontrado que es mejor estar solo y actuar según la verdad de mi corazón que seguir una manada de gansos necios condenados a la mediocridad".

"Usted dice que esto no lo molesta en lo más mínimo", dijo David. "¿No le importa que la gente piense que usted está… bueno… loco?"

"Mi amigo", dijo Colón con una sonrisa, "si te preocupas sobre lo que otros pueden pensar de ti, entonces confiarás más en la opinión de ellos que en la tuya. Le tengo lástima al hombre que depende de la opinión o el permiso de otros. Recuerda esto, si le tienes miedo a la crítica, ¡morirás sin hacer nada!"

David frunció el ceño. "Pero con tanta gente en su contra", preguntó, "¿cómo pudo comenzar en primer lugar?"

"El comenzar y el terminar, los dos extremos de un viaje, requieren una demostración de pasión", reflexionó Colón. David observó al gran hombre con una mirada vacía. "¡Pasión!", dijo de nuevo en un vigoroso susurro. "La pasión es un producto del corazón. La pasión es lo que te ayuda cuando tienes un gran sueño. ¡La pasión alimenta la convicción y convierte la mediocridad en excelencia! Tu pasión motivará a otros para unirse a ti mientras tú persigues tu sueño. Con pasión vencerás obstáculos que parecen infranqueables. ¡Nadie podrá detenerte!"

David comenzó a formular otra pregunta, pero Colón levantó la mano para silenciarlo. "Por favor, mi amigo", dijo. "Calla un momento". David hizo silencio y siguió su mirada hacia el cielo en dirección al occidente. El sol comenzaba a salir por el horizonte detrás de ellos, lanzando su resplandor sobre la inmensidad del mar abierto. Colón fijó la vista hacia delante, concentrándose con todas sus fuerzas en la distancia. Durante un minuto no se movió. Dos minutos… entonces diez. Sólo cambió la mirada cuando escudriñó la línea donde el agua tocaba el cielo.

Casi media hora después, Colón enderezó la espalda y se frotó los ojos. "¿Nada?", le preguntó suavemente David.

"Si, veo algo", respondió Colón.

"¿Qué?", David miró a su alrededor, confundido. "¿Ve tierra?"

"Sí", dijo simplemente el gran hombre.

David frunció el entrecejo. Se esforzaba todavía por divisar lo que Colón reclamaba haber visto. "Señálemelo, por favor".

"Señor Ponder", dijo Colón. "Miras en la dirección equivocada. Hoy no verás tierra mirando por la proa de mi embarcación. Sólo verás tierra mirando en mis ojos".

David se volvió. Sentía como si le hubiera hecho una broma. "¿Así que no hay tierra?", dijo indignado.

"Sí, ahí hay tierra", respondió Colón, "y está allí". Y señaló desde la proa hacia el horizonte. "La veo tan nítidamente como te veo a ti. Durante casi veinte años la he visto. Y mañana, la verás tú también. Se hará visible cuando amanezca, directamente delante de la *Santa María*. ¡Bella tierra con árboles y frutos y animales y gente que nos recibirá como héroes! El agua que brota del suelo será fría y pura. ¡Brotará en burbujas como si estuviera salpicada de diamantes! Este será un lugar donde se realizarán los sueños de los hombres; ¡un nuevo mundo reclamado por Colón en el nombre del rey Fernando y la reina Isabel!"

Durante breves momentos, David contuvo la respiración. Su cabello parecía susurrar en la persistente brisa mientras miraba profundamente a los ojos del hombre que tenía delante. Vio allí la pasión y la fe que había alimentado este viaje del destino. *¿Qué podría yo lograr*, se preguntó David, *con un espíritu tan poderoso como este?*

"¡Capitán!"

David pestañeó. El encanto fue roto por una voz que venía de abajo.

"¡Capitán, señor!"

Los dos hombres miraron por encima del borde de la torre del vigía. Debajo había cuatro hombres. Le hicieron señas a Colón para que se uniera a ellos.

Colón frunció los labios y suspiró. "¿Problemas?", le preguntó David.

Luego de pasar la pierna por encima del borde de madera de la torre, Colón contestó: "Con seguridad. Esos son mis oficiales".

David bajó por los aparejos, haciendo su mejor esfuerzo para seguir el ágil descenso del marinero. Cuando por fin llegó a la cubierta de la *Santa María*, ya se habían elevado las voces. El primer oficial, estaba vestido exactamente como su capitán, era alto y muy musculoso. Su largo cabello negro estaba atado como una cola de caballo y le caía por el frente de la camisa. Al igual que los otros tres hombres, estaba bien afeitado. Dirigiendo el contingente contra su líder, el Primer Oficial Juan Garzón asumió la palabra. "Sus oficiales están de acuerdo, Capitán. ¡Este viaje terminó! Es tiempo de regresar".

Colón miró a los hombres y les dijo: "¡Pero casi hemos llegado! ¡La parte más difícil del viaje ya pasó! Mañana verán tierra. Será una tierra bella con árboles y frutos y…".

"¡Ya no hable más!", gritó Juan Garzón. "Hemos escuchado esta retahíla durante demasiadas semanas. ¡Señor, con seguridad ve que estos hombres han llegado a su límite!"

Colón sonrió con una sonrisa tensa. "Lo que veo son hombres que no saben los límites que pueden alcanzar".

Juan Garzón cerró los ojos por un instante, como para contenerse. "¡Señor! Sus oficiales y yo hemos decidido regresar. Este es el fin".

Garzón y los demás hombres se movieron para irse, pero los detuvo la tronante voz de su capitán. "Caballeros", gritó Colón. Los oficiales se detuvieron y lo enfrentaron. "Caballeros", dijo con menor volumen de voz esta vez, "quiero recordarles que nos quedan menos de diez días de comida y agua en nuestras provisiones. Revertir el curso es la estrategia de un loco. ¡No sólo representa un fracaso sino también una muerte segura! ¡En el nombre de Dios, hombres, les pido que recapaciten! ¡Ya navegamos durante casi sesenta y cuatro días! ¿A qué puerto regresarían? ¡Nuestro único curso es hacia delante! ¡Nuestra única esperanza es perseverar!"

Los hombres bajaron la cabeza. Parecían no sólo vencidos por una mejor estrategia, sino abatidos. Garzón habló de nuevo, esta vez con suavidad. "¿Es esto realista, Capitán? ¿Encontraremos tierra?"

Colón se movió para poner su brazo sobre los hombros del hombre más alto. "¿Es esto realista, Garzón? Te digo que 'no', ¡pero una persona realista nunca ha logrado nada grande! ¡Encontraremos tierra! ¡Sí! ¡Sí! Encontraremos tierra, pero ello será el menor de los descubrimientos *de ustedes*". Colón señaló al pecho de su primer oficial. "Descubrirás un corazón capaz de lograr el éxito que no sabías que tenías. ¡Descubrirás a un Juan Garzón capaz de guiar a los hombres a nuevos mundos que les esperan! ¡Descubrirás la grandeza!"

Garzón se irguió y respiró profundamente. "Perdone mi insolencia, Capitán, yo…".

"Olvidado", dijo Colón, mientras hacía un movimiento de despedida con la mano. "Vete, Juan Garzón. Dirige a tus hombres, ¡y cree!"

Mientras los oficiales se iban, Colón se dirigió una vez más hacia la torre del vigía. David lo siguió en su ascenso y lo encontró más fácil esta vez debido a la luz del día. Sin embargo, de nuevo Colón tomó a David por la parte de atrás de su camisa y lo levantó para que entrara a la torre.

Luego de tomar aliento, David observó a Colón colocar su espalda contra el mástil y fijar de nuevo la mirada en el horizonte occidental. "¿Puedo hacerle una pregunta?", dijo David suavemente.

"Por supuesto", le respondió Colón.

"¿Qué quiso decir allá abajo cuando le comentó a su oficial que descubriría un corazón capaz de lograr el éxito?"

Colón inhaló y exhaló lentamente antes de contestar. "La mayoría de la gente fracasa en cualquier cosa que emprende debido a un corazón indeciso. ¿Debo intentarlo? ¿No debo intentarlo? El éxito requiere el equilibrio emocional que proporciona un corazón decidido. Cuando se enfrenta a un reto, el corazón decidido buscará una solución. El indeciso busca un escape".

Colón se aclaró la garganta, tosiendo ligeramente; entonces continuó: "Un corazón decidido no espera que todas las condiciones sean favorables. ¿Por qué? Porque las condiciones *nunca* son completamente favorables. La indecisión limita al Todopoderoso y su habilidad para realizar milagros en tu vida. Él ha puesto la visión en ti, ¡procede! Esperar, preguntarse, dudar, ser indeciso es desobedecer a Dios".

Sin quitar los ojos del agua, Colón metió la mano bajo su chaqueta y sacó un pergamino. "Para ti", dijo simplemente. Desenvolviéndolo, se lo entregó a David.

David tomó el amarillento papel, le echó un vistazo breve, y dijo: "*Encontrará* su nuevo mundo".

Colón, con los ojos aún fijos hacia delante, dijo suavemente: "Lo sé".

David sonrió y movió la cabeza sorprendido. "¿Cómo lo sabe?", le preguntó.

Colón se volvió y miró a David. "Tengo un corazón decidido", dijo y le dio la espalda.

Por un momento, David no dijo nada. Sintió el más puro sentimiento de admiración por este hombre que no sabía nada, pero que parecía saberlo todo. Abrió la boca para hablar de nuevo. "¿Pero cómo…?"

"Señor Ponder", lo interrumpió Colón al tiempo que colocaba su brazo sobre los hombros de David. "Ya es hora que leas el mensaje que me dieron para ti. Estúdialo con cuidado, porque es dentro de estas palabras que descubrirás un corazón que no sabías que existía, capaz de lograr el éxito. Descubrirás un David Ponder capaz de llevar hombres a un nuevo mundo que *les* pertenezca. Descubrirás la grandeza". Y con esas palabras, el gran explorador Cristóbal Colón abrazó a David y lo besó en ambas mejillas. "Lee", le dijo de nuevo con una sonrisa. "Estoy muy ocupado".

David lo observó moverse hasta el borde de la torre del vigía, apoyarse en el reborde y mirar hacia el oeste una vez más. El viento movió e hizo sonar el pergamino que tenía en la mano. Sentándose, David apoyó la espalda contra la pared de la torre y sujetó el mástil con los pies. Echando una última mirada al hombre que había escrito las palabras, comenzó a leer.

La cuarta decisión para tener éxito

Tengo un corazón decidido.

Un sabio dijo cierta vez: "Un viaje de mil kilómetros comienza con un solo paso". Con la certeza de que esto es verdad, doy hoy mi primer paso. Porque mis pies han estado indecisos demasiado tiempo, arrastrándose de derecha a izquierda, más hacia atrás que hacia adelante mientras mi corazón calibraba la dirección del viento. Van y vienen según el dilapidado aliento de seres inferiores que no ejercen poder sobre mí. El poder de controlar mi dirección me pertenece a mí. Hoy comenzaré a ejercitar ese poder. Mi derrotero está trazado. Mi destino asegurado.

Tengo un corazón decidido. Siento pasión en cuanto a mi visión del futuro.

Me despertaré cada mañana con anticipación por el nuevo día y sus oportunidades para crecer y cambiar. Mis pensamientos y acciones se moverán hacia adelante, nunca se deslizarán dentro del oscuro bosque de la duda o la oscura arena movediza de la autocompasión. Ofreceré sin reservas mi visión del futuro a otros, y mientras vean la fe en mis ojos, me seguirán.

Pondré la cabeza sobre la almohada por la noche felizmente agotado, sabiendo que he hecho todo lo que está a mi alcance para mover las montañas que se encuentran en mi camino. Mientras duermo, el mismo sueño que domina mis horas de trabajo estará conmigo en la oscuridad. Sí, tengo un sueño. Es un gran sueño y nunca pediré disculpas por él. Tampoco dejaré que se vaya nunca, porque si lo hiciera, mi vida habría terminado. Mis esperanzas, mis pasiones, mi visión sobre el futuro constituyen mi verdadera existencia. Una persona sin un sueño nunca supo lo que es que un sueño se haga realidad.

Tengo un corazón decidido. No esperaré.

Sé que el propósito del análisis es llegar a una conclusión. He probado las opciones. He medido las probabilidades. Y ahora he tomado una decisión con mi corazón. No soy tímido. Me pondré en movimiento ahora y no miraré hacia atrás. Lo que posponga hasta mañana, lo pospondré también hasta el día siguiente. No voy a obrar con dilación. Todos mis problemas se reducen cuando los enfrento. Si toco un cardo con cuidado, me pinchará, pero si lo agarro con fuerza, sus espinas se deshacen como polvo.

No esperaré. Siento pasión en cuanto a mi visión del futuro. Mi derrotero está trazado. Mi destino asegurado.

Tengo un corazón decidido.

SIETE

DAVID SINTIÓ EL BALANCEO DE LA SANTA MARÍA MIENTRAS buscaba el pergamino. Colón se volvió para echar un vistazo cuando David se levantó y vio que ya no estaba en la torre del vigía, sino al parecer había plantado con fuerza los pies en el aire, y se alejaba de la embarcación a una velocidad cada vez mayor. Colón sonrió y levantó la mano. David hizo lo mismo y de pronto se alejó tan rápidamente que su vista percibió mil imágenes de Colón mientras la *Santa María* se extendía como luces estroboscópicas en la cola de un cometa.

Un instante después, David se hallaba de pie en una pequeña habitación. El aire tenía un fuerte olor a moho con un poco de lejía. La única luz en la habitación venía de un simple bombillo que colgaba de un cable desde el techo. David contó rápidamente siete personas en un radio de varios pasos. Frunció la frente. Era increíble, estaban inmóviles. Un hombre y una mujer se hallaban sentados ante una pequeña mesa. Dos adolescentes, un varón y una mujer, estaban tendidos en el suelo, con un juego de cartas interrumpido entre ellos, y el resto, dos hombres y una mujer, parecían haberse detenido en medio de una zancada. Todos exhibían una expresión de terror.

David escuchó golpes en la pared que tenía detrás y voces amortiguadas de hombres. Cuando se volvió para mirar, notó una pequeña niña que no había divisado antes. Era delgada y de facciones severas, con cabello negro ondeado y ojos tan negros que resplandecían. Aparentaba tener quizás doce o trece años y llevaba puesto un vestido de algodón azul desteñido que parecía apropiado en la sucia habitación.

David comprendió porqué no la había visto al principio. Estaba parada junto a él, tan cerca que literalmente su mirada había pasado por encima de ella. Tampoco esta niña se movía, observó David, pero cuando captó su mirada, ella se llevó despacio un dedo a los labios.

Los golpes parecían seguir un patrón, primero en lo alto de la pared, entonces en el medio y a continuación hacia el suelo. Las amortiguadas voces se moverían entonces hacia la derecha y los golpes comenzarían otra vez. Hacia lo alto, el centro y abajo. Durante casi cinco minutos, David permaneció inmóvil, mientras escuchaba los sonidos de la otra parte de la pared.

De pronto, una de las voces comenzó a gritar algo ininteligible y se escuchó a varias personas corriendo. En ese momento, la mujer que estaba sentada a la mesa se inclinó para tomar la mano del hombre. Ambos cerraron los ojos. Excepto la pequeña niña que se puso el dedo en los labios, fue el único movimiento de alguno de ellos que David observó.

Después de lo que pareció una eternidad, los golpes cesaron. No hubo más carreras, ni voces, sólo el tenso silencio de la pequeña habitación. Y todavía, nadie se movió. Durante un minuto, luego dos. Por último, el hombre que estaba en la mesa respiró profundamente y expulsó el aire con un soplido. "Todo está bien ahora", dijo quedamente. Y con eso, todos los que estaban en la habitación movieron la cabeza y comenzaron a conversar tranquilamente.

"Eso estuvo cerca", dijo el muchacho que estaba en el piso. "Si hubiera habido perros…". Dejó la idea inconclusa, la frase sin terminar.

Una mujer alta, con el cabello enrollado en un moño, comenzó a sollozar suavemente. "Está bien, Petronella", le dijo su esposo mientras la rodeaba con sus brazos. "Estamos seguros. Shhh… silencio ahora". Se volvió hacia el muchacho y dijo con firmeza: "Pedro, ya para de querer decir lo que podría haber pasado. Has preocupado a tu madre y supongo que a casi todos aquí. No hables más acerca de perros".

"Estaba diciendo…", comenzó Pedro.

"Sí", interrumpió el hombre, "¡y yo estaba diciendo que no sigas con eso!"

David observó al hombre llevar a su esposa hacia una angosta habitación a su izquierda. Antes que se cerrara la puerta, vio un colchón en el piso y un montón de revistas de artistas de cine. La jovencita condujo amablemente a David hacia una esquina y susurró: "Quédate aquí ahora, pero cuando yo salga de la habitación, sígueme".

La muchacha se movió hacia la pareja que estaba sentada

a la mesa. El hombre parecía cansado, pero pese a que sus ropas se hallaban ajadas, él estaba bien afeitado excepto por un pequeño bigote. Su ralo cabello estaba bien peinado. David pensó que era un hombre distinguido. La mujer que tenía sentada enfrente, con el cabello arreglado en un moño igual que el que exhibiera la otra mujer, tenía una palidez fantasmal, como si hubiera estado enferma recientemente. Así y todo, sonrió cuando la muchacha se acercó.

"Papá", dijo la muchacha. "¿Me das permiso para ir al piso de arriba?"

El hombre sonrió. "Quieres estar a solas de nuevo, ¿es así?"

"Sí, papá".

"Entonces, puedes ir", dijo. Le echó una mirada a David y se movió con rapidez hacia la escalera en la parte trasera de la habitación. Al verla alcanzar las escaleras, su padre habló una vez más, con una sonrisa que se desvanecía.

"Ana". Ella se detuvo y se volvió. "Mantente lejos de la ventana".

"Sí, papá", asintió y silenciosamente subió las escaleras y desapareció.

David la siguió de inmediato, tratando de no tropezar con nadie mientras pasaba de largo. Al subir las escaleras, vio a la muchacha haciéndole señas de que se apurara. Parecía que la escalera iba directamente hacia el techo, pero como pronto vio David, había una compuerta oculta que proveía entrada al ático.

Tan pronto como estuvieron dentro, la muchacha cerró la compuerta y dijo: "¡Estoy tan emocionada por conocerlo que casi no puedo respirar!", dijo juntando las manos suavemente. "Esto es emocionante, ¿no es cierto?"

"Sí", dijo David, sonriendo por el entusiasmo de la joven. Miró a su alrededor. No había ni un mueble, ni una caja, ni nada guardado en el ático, sólo polvo y suciedad. "Creo que *misterioso* sería la palabra apropiada".

"Lo esperaba, ¿lo sabía?", dijo ella. "Fue en un sueño. Hasta sé su nombre. Usted es el señor Ponder. Le escribí una nota hoy de mañana. ¿Puedo buscarla ahora?"

"No, no", rió David entre dientes. "Espérate un momento. Acabas de conocer a alguien que está en desventaja. ¡Ni siquiera sé dónde estoy!"

"Ah, está en Ámsterdam", dijo la joven. Tomó la mano de David y lo condujo a la ventana. "Venga", dijo con una leve sonrisa. "Le mostraré la ciudad".

A lo largo del ático vacío, se vislumbraba una gran ventana de nueve vidrios. Tres de los vidrios estaban separados de los otros por una columna de ladrillos. La ventana estaba sucia, casi tan sucia como el ático. "¿Es esta la ventana de la que tú padre te advirtió que te mantuvieras alejada?", le preguntó David.

"Sí, sí", respondió ella mientras asentía con la cabeza, "pero no hay problemas con atisbar desde la esquina". Y al mismo tiempo se agachó sobre manos y rodillas, y exclamó impacientemente: "¡Usted también, venga ahora!"

David se arrodilló y siguió a la niña hasta el extremo de la ventana donde lo estaba esperando debajo del antepecho. Cuando la alcanzó, se sentó en el suelo, con la espalda hacia la pared. Ella se sentó con las piernas cruzadas e inclinó el hombro sobre el sucio enyesado. Mientras se colocaba en una posición más cómoda, David dijo: "Oí que tu padre te llamaba Ana".

"Sí", respondió ella. "Y mi hermana se llama Margot. Ella es muy callada. Era la que jugaba a las cartas con el muchacho. El se llama Pedro Van Daan".

¿Cuál es tu apellido?", le preguntó David.

"Frank", dijo ella simplemente. Mi padre se llama Otto, y mi madre Edith. Los padres de Pedro son el señor Herman y la señora Petronella. Ella era la que lloraba, pero no es raro porque siempre llora. El otro hombre que vio era el doctor Dussel. Lo vio, ¿no es verdad? Estaba sentado en el piso cerca de la puerta de mi habitación, pero por supuesto, no sabe cuál es mi habitación, por lo que a lo mejor no lo vio. De todas maneras, no es realmente doctor. Es dentista…".

David no estaba seguro de cuánto tiempo había hablado Ana. De todas formas no estaba escuchando. Su mente era una mezcla de pensamientos y emociones. *Ana Frank*, pensó, *¡Ana Frank! Esta es la joven cuyo diario leí en la escuela secundaria.*

"… Pedro fue quien lo trajo", continuó Ana, pasando por alto la apariencia de asombro de su huésped. "Mouschi es maravilloso, aunque no tan amoroso como mi gato querido, Moortje, que todavía está en mi casa. Mouschi es negro como el carbón. Por otro lado, Moortje…".

Estoy en el anexo, pensó David. El anexo, sabía él, era un sitio secreto que estaba formado por varias habitaciones conectadas a la parte trasera de un depósito. Ana y su familia eran judíos holandeses escondidos durante la ocupación nazi de Holanda.

"… ¿no cree?", dijo Ana mientras miraba directamente a David, esperando como es obvio una respuesta.

David se sorprendió por la pausa en su parloteo incesante. Había estado tan sobrecogido por lo que lo rodeaba que de hecho no había estado escuchando. "Lo siento. ¿Qué dices?", le preguntó incómodo.

"Dije", contestó Ana con lentitud, "que Pedro es muy buen mozo, ¿no lo cree?"

"¿Pedro?" David frunció las cejas. "¡Ah, el muchacho de abajo, sí! ¡Sí lo es!"

"Lo he dejado besarme varias veces. Sobre la mejilla, por supuesto".

"Por supuesto", dijo David con seriedad. "Ana", David hizo un esfuerzo por cambiar de tema, "¿cuánto tiempo has estado aquí?"

"Un año y cuatro meses", dijo ella enseguida.

"¿Sabes qué día es hoy?"

"Claro. Hoy es jueves, 28 de octubre de 1943. Nos escondimos el año pasado el primer domingo de julio, era el cinco". Ana miró hacia la ventana arriba. "Ninguno de nosotros ha estado afuera durante mucho tiempo".

"¿Cómo consiguen traer la comida aquí?"

"Miep".

"¿Quién es Miep?"

"Miep es la secretaria de papá. Todavía viene a trabajar al depósito todos los días. Después que termina de trabajar, ella y su esposo, Hank, mueven el librero que se encuentra en la oficina de contaduría y vienen por la puerta que se oculta detrás de ese mueble."

"Ana", dijo David. "Cuando llegué…".

"Ah, sí", interrumpió Ana, "¡fue algo aterrador! ¡Apareció de pronto frente a mí y yo era la única que podía verlo! ¿Ha hecho eso antes? ¿Le produce dolor?"

David sonrió pese a su irritación por haber sido interrumpido. Creía que podía comprender la emoción de la joven. Después de todo, debe ser emocionante hablar con un nuevo individuo tras dieciséis meses. "Sí, lo he hecho antes, y no, no produce dolor". David se adelantó para tocarle el brazo mientras trataba de formular de nuevo su pregunta. "Ana, cuando llegué, ¿qué o quién golpeaba en la pared?"

"Los soldados nazis", dijo Ana. "Papá los llama la GESTAPO. Dice que se visten de negro. Ya han venido dos veces. Nos quedamos quietos y ellos se van". Se volvió y se puso de rodillas, levantándose con cuidado para mirar sobre una esquina de la ventana. "Si hace esto, puede ver la mayor parte de Ámsterdam".

David se levantó y miró hacia la esquina opuesta. A su izquierda, vio un enorme castaño que de casi cien metros de altura que proyectaba las últimas sombras del día sobre la ventana del ático. La torre de un reloj se elevaba majestuosa al otro lado de la calle. Era el adorno del centro de la ciudad.

"Ese es el Westerkerk", dijo Ana, refiriéndose al reloj. "Puedo recostarme aquí y ver moverse las agujas". Se acostó de lleno en el suelo. "Acuéstese aquí", dijo. "Véalo con sus propios ojos".

David se recostó junto a la joven y miró hacia arriba. Allí, como enmarcada por la divina providencia estaba la cara el reloj de la torre de Westerkerk. Notó que eran casi las seis de la tarde. David observó a Ana, mirando fijamente al reloj, y pensó en su propia hija. Ella y Ana tenían aproximadamente la misma edad. Trató de imaginarse a Jenny en esa situación. ¿Qué haría ella? ¿Cómo reaccionaría su hija? O, en realidad, ¿cómo reaccionaría él?

"¿En qué estás pensando?, le preguntó suavemente David.

"En el reloj", dijo Ana. "A veces deseo que se adelante y en otras ocasiones pido que marque más despacio. Pero nunca me escucha. Siempre es lo mismo".

David saltó cuando silbidos y gritos coléricos ahuyentaron el silencio de la noche cuatro pisos debajo de ellos. Ana no se movió sino continuó mirando hacia el reloj. "¿Qué pasa?", le preguntó David.

"Es una razzia", respondió Ana sin alterarse. "Están haciendo una redada para encontrar a los judíos. Me pregunto cómo estarán mis amigos. No sé que les ha sucedido a ninguno de ellos". Durante algunos momentos permaneció callada, pensativa. David no dijo nada. Entonces lo miró directamente y dijo: "Todos son conducidos a los campos. ¿Lo sabía? Los alemanes dicen que los judíos trabajan y viven cómodamente, pero no es verdad.".

David habló con cuidado. "¿Cómo lo sabes?"

Ana se encogió de hombros. "Todos los sabemos", dijo. "Se censura la correspondencia, por supuesto, pero ocasionalmente se da a conocer la verdad. Miep recibió una postal de un amigo que decía que la comida era buena y las condiciones magníficas, pero al final del mensaje escribió: "Saluden a Ellen de Groot de mi parte". Hizo una pausa. Las palabras estaban en alemán, por supuesto. Los censores alemanes no sabían que *ellende* significa 'miseria' en holandés y que *groot* es 'terrible'. Su intención era trasmitir un mensaje de miseria terrible".

Sin avisar, el reloj de la torre Westerkerk empezó a dar campanadas. Seis veces el badajo anunció la hora golpeando el borde de la masiva campana. A menos de veinticinco metros de distancia, Ana se limitó a taparse los oídos con las manos y le sonrió a David, que saltó sobresaltando cuando comenzaron las campanadas.

"Es un sonido un poco fuerte", le dijo Ana, con una risita entrecortada por subestimar la cosa.

David sonrió. "Me alegra que pienses que es gracioso", dijo. "¡Creí que me iba a estallar la cabeza! ¿Cómo puedes dormir con esa cosa sonando día y noche?"

"En realidad", dijo Ana, "ya ni siquiera lo notamos. La señora Petronella es la única entre nosotros que todavía lo comenta. ¡Papá dice que el reloj es bueno para ella porque le da la oportunidad de quejarse a cada hora en punto!"

David se rió. "¿Y qué de ti? ¿De qué te quejas tú?"

"No me quejo", dijo Ana. "Papá dice que quejarse es una actividad igual que saltar a la cuerda o escuchar el radio. Uno puede decidir encender el radio y puede decidir no encender el radio. Uno puede decidir quejarse y puede decidir no quejarse. Yo decido no quejarme".

David observó por un momento a la sincera muchachita, entonces dijo: "No quiero contrariar lo que tu padre te ha enseñado, ¿pero le has echado un vistazo a lo que nos rodea? Estas son condiciones bien duras para cualquiera, cuanto más para una niña de tu edad. ¿Cómo puedes *no* quejarte?"

Ana ladeó la cabeza como si tuviera dificultades para entender. Quitándose un mechón de cabello de los ojos, dijo pacientemente: "Las decisiones moldean por completo nuestras vidas, señor Ponder. Primero hacemos decisiones. Entonces ellas nos hacen a nosotros.

"¿Condiciones duras? Sí, una persona ingrata puede considerar este lugar como demasiado pequeño para ocho personas, una dieta que está limitada y porciones que son demasiado pequeñas, o sólo tres vestidos para que los compartan dos niñas. Pero la gratitud también es una decisión. Veo un anexo que esconde a ocho personas mientras otros viajan como ganado sobre los carros de un tren. Veo comida generosamente provista por Miep, cuya familia comparte sus cupones de racionamiento con nosotros. Veo un vestido extra para mi hermana y para mí mientras que con seguridad otras personas no tienen ropa. Decido ser agradecida. Decido no quejarme".

David estaba asombrado del dominio de sí misma que parecía poseer Ana. Puso una pierna debajo de la otra, sentándose sobre sus piernas cruzadas y sacudió la cabeza como si quisiera despejar las telarañas. "¿Quieres decir que siempre estás de buen humor?"

Ana había cruzado las piernas para imitar la forma en que David estaba sentado. Mientras se cubría las rodillas con el vestido, se rió. "¡Por su puesto que no! Pero si alguna vez noto que estoy de mal humor, inmediatamente tomo la decisión de ser feliz. De hecho, es la primera decisión que tomo cada día. Digo en voz alta ante el espejo: '¡Hoy decidiré ser feliz!' Le sonrío al espejo y aun me río si estoy triste. Digo: '¡Ja, ja, ja, ja!' Y enseguida, me siento feliz, exactamente como he decidido estar".

Maravillado, David sacudía ahora la cabeza. "Eres una joven muy especial, señorita Frank".

"Gracias", dijo Ana. "Eso es también una decisión".

David se inclinó hacia delante. "En realidad", dijo con las cejas levantadas. "Estoy perplejo. Explícame".

"Mi vida —mi personalidad, mis hábitos, aun mi conversación— es una combinación de los libros que escojo leer, la gente que decido escuchar y los pensamientos que decido tolerar en la mente. Antes de la guerra, cuando era una niña pequeña, mi papá me llevó un sábado por la tarde al parque Het Vondel a escuchar la orquesta. Al terminar el concierto, cien globos rojos, azules y amarillos se elevaron al cielo detrás de los músicos. ¡Fue tan emocionante!

"Tiré del brazo de papá y le pregunté: 'Papá, ¿de qué color será el globo que vaya más alto?' Y él me dijo: 'Ana, no es el color del globo lo que importa. Lo que hace toda la diferencia es lo que tiene adentro'".

Durante un momento Ana estuvo callada y el ático quieto. Parecía sumida en pensamientos tan profundos que David apenas respiraba. Entonces miró a David directamente a los ojos, alzó el mentón y dijo: "Señor Ponder, no creo que ser judío o ario o africano tiene algún significado en lo que uno puede llegar a ser. A la grandeza no le importa si uno es muchacha o muchacho. Si en realidad, lo que llevamos dentro es lo que hace toda la diferencia, entonces se hace la diferencia cuando escogemos lo que se lleva dentro".

Ana se volvió y miró hacia el reloj otra vez. David no había notado la oscuridad que había llenado el ático, pero ahora se daba cuenta de que sólo el reflejo de la luz que emanaba de la torre Westerkerk le permitía ver el rostro de Ana. "Pronto debo estar lista para la cena", dijo ella. "Acompáñeme a mi cuarto. He escrito algo para usted".

David siguió a Ana a través de la puerta del ático, escaleras abajo y de regreso a la sala de estar. "La cena está casi lista, querida", le dijo su madre mientras los dos pasaban de largo. "Cinco minutos. No más".

Ana condujo a David a una puerta que estaba situada a la derecha de la escalera. Al entrar y cerrar tras ellos la puerta, David pudo ver que la habitación no era más grande que un clóset. Había un pequeño colchón en el suelo con dos montones de libros junto a la única almohada. "Margot y yo compartimos esta habitación", dijo Ana. "Es muy estrecha, pero respetamos la mutua privacidad".

David no veía cómo alguien podría tener privacidad en esa pequeñísima habitación. En la pared, al pie de la cama, colgaba un sencillo vestido blanco. El dobladillo, las mangas, y la línea del cuello estaban bordados con pequeñas flores rojas. Sobre la cabecera de la cama había fotos recortadas de revistas y periódicos que habían sido pegadas a la pared. Mientras señalaba el arreglo, David preguntó: "¿Son tuyas o son de tu hermana?"

"Son mías", sonrió Ana. "Bellas, ¿no es verdad?"

David miró más de cerca. Había una foto de Greta Garbo y otra de Ginger Rogers. Una foto de la cabeza de la estatua del David de Miguel Ángel estaba colocada sobre la foto de una casa en la campiña. A la izquierda había una foto en blanco y negro de una rosa que alguien había coloreado de rosa pálido, y una gran foto de chimpancés en una fiesta tomando té. La pared estaba cubierta de fotos de encantadores y amorosos bebés. "Sí, son bellas", dijo David. "¿Qué representan?"

"Mi futuro", susurró Ana suavemente mientras se estiraba para tocar la foto de la rosa. "Estas son las personas que quiero conocer, los lugares que quiero ver y las cosas que quiero para mi vida. Risa y amor y un hogar con un esposo, quizás Pedro, y muchísimos bebés". De pronto, los ojos se le llenaron de lágrimas.

David extendió la mano, le tocó la cabeza y atrajo a la joven hacia sí. Al ponerse David de rodillas, Ana le colocó los brazos alrededor del cuello. Mientras Ana sollozaba, las lágrimas también corrían por las mejillas de David. Sentía una profunda admiración por esta niña. Tenía el valor y la sabiduría de alguien que ya había vivido toda una vida. Y de cierta manera, él sabía, que ella la había vivido.

Ana se separó para secarse los ojos con la manga de su vestido. "Lo siento", dijo. "No quiero que se sienta incómodo".

"No me siento incómodo, Ana", dijo David secándose sus ojos. "Me recuerdas a mi hija. Se llama Jennifer. La llamamos Jenny. Tiene aproximadamente tu edad, y creo que tú y ella son las dos niñas más lindas que jamás he visto".

Ana se ruborizó. "Gracias por decírmelo". Miró atrás hacia la pared y se estiró para tocar de nuevo la foto de la rosa. "¿Puedo hacerle una pregunta?", dijo.

"Por supuesto", le respondió David.

"Si Jenny estuviera aquí en mi lugar, ¿tendría miedo?"

David pudo sentir el pulso latiéndole en la cabeza: "Creo que probablemente tendría miedo, Ana. ¿Tienes miedo tú?"

Ana bajó la mano de la rosa y entrelazó ambas manos frente a ella. Por un instante dirigió los ojos hacia David, entonces de vuelta a las fotos. "En ocasiones", dijo ella. "Pero la mayoría de las veces, decido no temer. Papá dice: 'El miedo es un pobre cincel con el que labrar el futuro'".

Ana se volvió y se enfrentó a David. "Tendré un mañana, señor Ponder. Margot y la señora Petronella se burlan de mí. Me llaman una Poliana. Dicen que vivo en un mundo de ensueños, que no enfrento la realidad. Eso no es cierto. Sé que la guerra es horrible. Comprendo que estamos en medio de un terrible peligro aquí. No niego lo real de nuestra situación. Niego su carácter de finalidad. Esto también va a terminar".

Ana se arrodilló y tocó debajo del colchón. Sacó un libro forrado de tela de cuadros rojo-anaranjados. "Este es mi diario", dijo. "Papá me lo regaló para mi cumpleaños, el doce de junio". Pasó las páginas rápidamente con el pulgar hasta que encontró lo que buscaba. "Estas son las suyas", dijo y arrancó con cuidado varias páginas del pequeño diario.

David tomó las páginas de su mano y observó mientras ella colocaba de nuevo debajo del sucio colchón lo que él sabía que era la obra literaria de su vida. "Gracias, Ana".

Ella se paró tímidamente frente a él durante un largo rato. "Por favor, dígale a su hija Jenny que le mando saludos".

David sonrió. "Sí, se los daré".

Ana hizo de nuevo una pausa. "Debo ir a comer" dijo. ¿Se habrá ido cuando regrese?"

"Sí".

"Entonces acuérdese de mí", dijo Ana con una sonrisa. "Yo me voy a acordar de usted. Pero sobre todo, los dos debemos recordar que la vida en sí es un privilegio, pero vivirla a plenitud ¡es una decisión!"

Con estas palabras, Ana abrazó a David y abandonó enseguida la habitación, cerrando suavemente la puerta detrás de ella. David se sentó sobre el colchón y levantó la vista hacia las fotos en la pared. Durante varios minutos escuchó la tenue conversación de los Frank y sus amigos mientras cenaban. Entonces puso las páginas que Ana le había dado en su regazo. Estas eran palabras que él esperaba que cambiarían su vida por completo. Cuatro pequeñas páginas, escritas a lápiz, con los trazos de una pequeña niña.

LA QUINTA DECISIÓN PARA TENER ÉXITO

Hoy decidiré ser feliz.

A partir de este mismo momento, soy una persona feliz porque ahora entiendo verdaderamente el concepto de la felicidad. Antes que yo, unos cuantos han podido captar la verdad de la ley física que nos permite vivir felices cada día. Ahora sé que la felicidad no es un fantasma emocional que llega y se va flotando de mi vida. La felicidad es una elección. La felicidad es el resultado final de ciertos pensamientos y actividades, que de hecho provocan una reacción química en mi cuerpo. Esta reacción da lugar a una euforia que, aunque elusiva para algunos, está por completo bajo mi control.

Hoy decidiré ser feliz, saludaré cada día con risa.

A unos momentos de despertar, reiré durante siete segundos. Aun tras un período tan breve, la emoción ha comenzado a circular por mi torrente sanguíneo. Me siento diferente. ¡Soy diferente! Me entusiasma este día. Aguardo alerta sus posibilidades. ¡Soy feliz!

La risa es una expresión externa de entusiasmo y sé que el entusiasmo es el combustible que mueve el mundo. Río a lo largo del día. Río cuando estoy solo y río cuando converso con otros. La gente se siente atraída hacia mí porque tengo risa en mi corazón. El mundo pertenece a los entusiastas, ¡porque la gente los seguirá a cualquier parte!

Hoy decidiré ser feliz. Decidiré sonreír a todos los que conozca.

Mi sonrisa se ha convertido en mi tarjeta de presentación. Después de todo, ella es el arma más poderosa que poseo. Mi sonrisa tiene la fuerza de forjar lazos, romper el hielo y calmar tormentas. Usaré constantemente mi sonrisa. A causa de mi sonrisa, la gente con la que me pongo en contacto día a día decidirá respaldar mis causas y seguir mi liderazgo. Siempre sonreiré primero. Esa particular muestra de buena disposición le dirá a otros lo que espero a cambio.

Mi sonrisa es la clave de mi constitución emocional. Un sabio dijo una vez: "No canto porque soy feliz; soy feliz porque canto". Cuando decido sonreír me convierto en dueño de mis emociones. El desaliento, la desesperación, la frustración y el miedo siempre se marchitarán cuando mi sonrisa los confronte. El poder de quién soy se muestra cuando sonrío.

Hoy decidiré ser feliz. Soy el poseedor de un espíritu agradecido.

En el pasado, he encontrado desaliento en situaciones particulares hasta que comparé la condición de mi vida con otros menos afortunados. Tal como la fresca brisa limpia el humo del aire, así un espíritu agradecido aparta las nubes de la desesperanza. Es imposible que las semillas de la depresión echen raíces en un corazón agradecido.

Mi Dios me ha concedido muchos dones y por estos recordaré ser agradecido. Demasiadas veces he elevado las oraciones de un mendigo, siempre pidiendo más y olvidando dar gracias. No quiero que me vean como a un niño ambicioso, que no muestra aprecio y es irrespetuoso. Estoy agradecido porque puedo respirar, ver y oír. Si alguna vez en mi vida las bendiciones salen a borbotones más allá de eso, entonces estaré agradecido por el milagro de la abundancia.

Saludaré cada día con risa. Sonreiré a cada persona con la que me encuentro. Soy el poseedor de un espíritu agradecido.

Hoy decidiré ser feliz.

OCHO

DAVID TERMINÓ DE LEER LAS PALABRAS QUE ANA HABÍA ESCRITO y se limpió una lágrima adherida a su barbilla. En un abrir y cerrar de ojos, dobló las páginas, las colocó en la bolsa de tabaco, la cual se metió en el bolsillo y se levantó. Se estiró para tocar la foto de la rosa que Ana había pegado a la pared. Con sus dedos, David delineó el tallo desde el pie de la fotografía hasta su centro. Al tocar la flor, sonrió ante la sensación cerosa del creyón rosa que había sido utilizado para colorear la foto en blanco y negro.

Lentamente, la rosa comenzó a perder la forma. Los bordes se volvieron borrosos y la configuración de la flor pareció temblar. David retiró la mano y se frotó los ojos. Con su codo izquierdo y el antebrazo, se apoyó contra la pared. Por un momento, se mantuvo allí, medio mareado, pero la sensación pasó pronto.

Abrió los ojos y examinó de nuevo la foto. Todavía estaba borrosa pero parecía aclararse. Miró de soslayo y movió la cabeza a sólo centímetros de la flor. Ahora estaba en foco. Veía los pétalos de la rosa con tanta nitidez, tanta claridad, que esta parecía tener profundidad. Tentativamente, sin mover el rostro, David extendió la mano derecha y, utilizando sólo un dedo, tocó la rosa. Sorprendido, el aliento se le quedó atascado en la garganta. La rosa era real.

Quedó paralizado por un momento. Cambiando la vista, David observó que su brazo izquierdo estaba ahora recostado contra un viejo escritorio. Apartándose de la rosa, notó que esta estaba en un simple jarrón de cristal al borde del escritorio. Al lado de la rosa había una jarra de agua y cuatro vasos. David se enderezó y miró a su alrededor. Estaba en cierto tipo de habitación… no, en una tienda. Era una tienda más bien grande, notó, hecha de lona blanca y abarcaba un área de aproximadamente seis por cuatro metros. El piso era de césped, y excepto por el escritorio y tres sencillas sillas, la tienda estaba vacía.

Al escuchar algún tipo de actividad, David se dirigió a la puerta cerrada de la entrada de la tienda. Con cuidado, apartó varios centímetros la puerta de lona suelta. A unos veinte metros de distancia, sobre la elevada plataforma de un improvisado estrado, había un hombre de pie, solo, detrás de un podio. De espalda a la tienda, les hablaba a miles de personas. David vio caballos ensillados y carretones esparcidos entre la multitud. Muchos tenían parasoles para protegerse del sol y habían extendido cobertores sobre el suelo o se sentaban encima de sus carretones.

David observó que la tienda y el estrado estaban en la cima de una colina rodeada de grandes árboles. Dado que la mayor parte de las hojas habían caído y la temperatura era agradable aun en la tienda, David supuso que había llegado a este lugar durante el mes de octubre o quizás noviembre. En cualquier caso, era durante el otoño, y a juzgar por el sol, era cerca del mediodía.

Más allá de la multitud, David vio sembradíos y bosques que se extendía tan lejos como podía divisar desde su limitado campo visual. Las colinas y dehesas que tenía a la vista suscitaron en David un extraño sentimiento. El área le parecía misteriosamente familiar, aunque no podía determinar cómo o porqué.

Quizás, pensó David, *el orador tiene en su poder la clave del porqué estoy aquí*. Al volver su atención de nuevo al estrado, David observó que el caballero, desde atrás, parecía estar elegantemente vestido. Llevaba pantalones grises, calzaba pulidas botas negras y un elevado cuello blanco se levantaba desde la espalda de una larga chaqueta negra con cola. La suelta cabellera gris completaba su aspecto distinguido.

Además, el hombre parecía ser todo un orador. David notó cómo recorría con pasos mesurados el estrado y gesticulaba dramáticamente con las manos. Su audiencia parecía ciertamente hechizada. Habían reído dos veces al unísono durante el breve período que David observó desde la entrada de la tienda. No podía escuchar con mucha claridad la presentación del orador, pues no había micrófono o sistema de sonido de ninguna clase, y como el hombre estaba de espaldas a él, sólo podía captar una que otra palabra.

De pronto, la multitud estalló en un aplauso ruidoso y sostenido. David miró más atentamente mientras el orador retornaba al podio, que estaba a su derecha y un poco detrás de él en ese momento. Mientras el hombre esperaba que se apagara la ovación, David tuvo una clara visión de sus facciones. La línea de su cabellera mostraba entradas y su rostro estaba bien afeitado. Tenía cejas pobladas, y la nariz y las orejas eran un poco grandes en comparación con la cabeza. David no lo reconoció en absoluto.

Desencantado y un poco confundido, David se metió de nuevo en la tienda. Durante unos momentos se paró ahí, preguntándose dónde estaba y a quién había estado observando sobre el estrado. *¿Es esa la persona que he venido a ver?*, se preguntó a sí mismo. David se movió hacia una silla junto al escritorio y se sentó abruptamente. Mientras se servía un vaso de agua, no podía librarse de la incómoda sensación de que estaba relacionado de alguna manera con ese lugar.

Justo entonces, por encima del continuo sonido del orador, David escuchó que la multitud comenzaba a murmurar. Durante casi medio minuto, la audiencia que conversaba entre sí ahogó con facilidad la voz del hombre sobre el estrado. David se levantó de la silla y caminó rápidamente hacia la puerta de la tienda. Pero antes de llegar a la entrada escuchó el sonido de los cascos de caballos y el rechinar de las monturas de cuero. Al oír voces que se aproximaban, David caminó hacia la esquina de la tienda mientras un hombre entraba.

Era un joven de aproximadamente veinte años, impecablemente acicalado con una larga chaqueta y un cuello alto. Tenía el cabello partido a la mitad y su fino bigote estaba perfectamente alineado sobre sus labios. Con la presencia de una persona acostumbrada a mandar, el joven cruzó a zancadas la tienda directamente hacia el escritorio. Abrió cada gaveta y cuidadosamente inspeccionó su contenido antes de cerrarlas.

David lo vio hacer una pausa durante un breve instante cuando divisó el vaso de agua de David. El joven tomó el vaso y frunció el ceño. Era obvio que estaba muy molesto. Sacudiendo la cabeza de un lado al otro con pequeños movimientos, llevó el vaso al extremo de la tienda y derramó lo que quedaba del agua sobre el suelo. Qué curioso, pensó David. Entonces el joven se metió el vaso vacío en el bolsillo de la chaqueta y regresó al escritorio, donde procedió a examinar los restantes vasos y la jarra.

Levantó la jarra y miró atentamente dentro del agua. Entonces olió el agua. Por último, vertió una pequeña cantidad en uno de los tres vasos que estaban sobre el escritorio y la probó con cuidado. Satisfecho, colocó entonces *ese* vaso dentro del otro bolsillo de la chaqueta, miró cautelosamente alrededor de la tienda y salió.

David respiró profundamente. Evidentemente, esa no era la persona que había venido a ver. El hombre ni siquiera había notado su presencia. Antes que David tuviera tiempo de moverse, la puerta de la tienda se abrió de nuevo.

Doblándose casi en dos a fin de atravesar la puerta, otro hombre entró con el sombrero bajo el brazo. Cuando la puerta de la tienda se cerró detrás de él, aquel hombre alto se enderezó, miró a su alrededor y vio a David. Sonrió y con dos rápidas zancadas se paró ante David, con la mano derecha extendida. "El señor Ponder, ¿no es cierto?", dijo el hombre con un destello especial en sus ojos.

David tenía la boca abierta y sentía como si sus rodillas fueran a doblarse. Quería decir: "Sí, señor", o "¿Cómo está usted?", o "Me alegro de conocerlo", o cualquier cosa, pero tenía la garganta tan seca que no dijo nada. Al darse cuenta de la expresión perpleja en el rostro del caballero y al ver que su mano estaba todavía extendida, David hizo la única cosa apropiada. Estrechó la mano de Abraham Lincoln.

"Yo... yo me siento honrado, señor", se las arregló David para balbucear.

"El honor es mío, señor Ponder", respondió el presidente. "Después de todo, es usted quien ha viajado la mayor distancia para esta ocasión".

Lincoln llevaba guantes de montar blancos que contrastaban vivamente con su vestimenta completamente negra y hacían que sus grandes manos parecieran todavía más grandes. Se quitó los guantes, caminó hacia el escritorio y, tras situar los guantes y el sombrero sobre el lado opuesto, preguntó: "Por favor, ¿me acompaña a un refrigerio?"

Al ver que el presidente había señalado la jarra de agua, David aceptó su oferta y preguntó: "Señor, ¿dónde estamos?"

Lincoln levantó un largo dedo y entonces le sirvió a David un vaso de agua. Llenó su propio vaso, se lo bebió todo, se sirvió otro y se sentó. "Trae una silla", dijo mientras arrastraba la suya de atrás del escritorio.

Al sentarse, David observó al decimosexto presidente de los Estados Unidos cruzar las piernas y soltarse el alto cuello almidonado. Estaba bien vestido. Tenía el cabello bien peinado, la barba cuidadosamente arreglada, y aún así todavía parecía algo... bueno, desaliñado. David notó que el presidente parecía más grande que el promedio de los hombres. Sus piernas, brazos, manos y aun su rostro parecían ser muy largos. David sonrió para sí cuando se dio cuenta que Abraham Lincoln tenía la misma apariencia que en todas las fotos que había visto del individuo.

La única sorpresa de David, tras la súbita aparición de Lincoln, fue la voz del presidente. No era la de un barítono como había escuchado que la representaban en numerosas películas, sino la de un tenor agudo.

Lincoln colocó el vaso sobre el escritorio y dijo: "Cabalgar siempre me provoca sed, aunque por lo general me resulta incómodo beber delante del caballo. Después de todo", rió entre dientes, "¡no soy quien ha hecho el trabajo!" David se rió cortésmente. "Así que, señor Ponder, usted quiere saber dónde estamos".

"Sí, señor, y por favor llámeme David".

"Gracias", dijo Lincoln mientras inclinaba ligeramente la cabeza hacia el hombre más joven. "David, estoy aquí hoy por dos razones. La primera para dedicar un cementerio. Por cierto, ese es el lugar donde estamos ahora… Gettysburg, Pensilvania".

Escalofríos recorrieron la espalda de David. "¿Y la fecha?"

"Diecinueve de noviembre de mil ochocientos sesenta y tres".

No es extraño que este lugar parezca tan familiar, pensó David. *Estuve aquí hace cuatro meses. ¿O fue sólo hace una hora?* Sacudió la cabeza para aclarar sus pensamientos. "Señor Presidente, usted mencionó dos razones por las que vino aquí. ¿Cuál era la segunda?"

Lincoln sonrió. "Oye, para conocerte, por supuesto". Los ojos de David se agrandaron. "Eres ciertamente más importante que cualquier observación que pudiera compartir con aquellos que asistieron hoy. Este cementerio tiene que ver con el pasado. ¡Tú tienes que ver con el futuro!"

David miró hacia otro lado. "Aprecio su confianza", dijo, "pero no estoy seguro de que sea justificada. Por el momento, sólo espero que haya un futuro. De hecho, paso por la peor época de mi vida en este momento".

"¡Entonces se imponen las felicitaciones! Lo más seguro es que hay mejores días por delante". Entonces el presidente levantó su vaso de agua y exclamó: "Por nosotros, dos hombres que experimentan lo peor que puede ofrecer la vida".

David no respondió. No estaba seguro si Lincoln le estaba haciendo una broma. "No estoy bromeando", dijo David lentamente.

"Ah, déjame asegurarte algo", le dijo Lincoln con una hermética sonrisa, "yo tampoco estoy bromeando". Se estiró hacia su derecha, a través del escritorio y tomó su sombrero. Era el elevado sombrero de copa negro que se había convertido en parte de su imagen tal como recordaba David. Durante un tiempo, dejó que sus dedos se deslizaran suavemente a través de la larga banda de seda. "Esta tela la llevo en memoria de Willie, mi hijo pequeño. Murió hace sólo unos meses". Aspiró profundamente y dio un suspiro. "Ahora mi hijo Tad ha caído en cama... mortalmente enfermo. Como podrás imaginarte, mi esposa no estaba de acuerdo en que yo estuviera aquí hoy".

"¿Por qué vino?"

"El deber. Y el hecho de que sabía que podía escoger entre orar por mi hijo mientras caminaba de un lado a otro en la Casa Blanca u orar mientras realizaba la tarea que se me ha encomendado. Estoy seguro de que el Todopoderoso escucha mi clamor no importa el lugar donde estoy. De seguro sus brazos se extienden desde Washington a Gettysburg. También creo que Dios prefiere que ore y trabaje, no que ore y espere".

El presidente se enderezó en la silla y cruzó los brazos. "¿Sabes?, mencioné hace un momento que éramos dos hombres que experimentábamos lo peor que puede ofrecer la vida. Eso es verdad de una forma muy pequeña y egoísta, y debo confesar mi propensión a servir mis propios intereses egoístas. En realidad, esta parece ser una de las batallas más constantes de mi vida. En un sentido más amplio, sin embargo, se nos ha presentado una oportunidad enorme para cambiar y llegar a ser personas mejores".

"¿Personas mejores? Usted habla de lo que llamamos 'crecimiento personal'. No estoy seguro de que quiero más crecimiento personal", dijo David.

"¡Por supuesto que no!", respondió Lincoln. "¿Y no sería esa la decisión más fácil? De hecho, ¡es la decisión más popular sobre el planeta! Pero el asunto que enfrentas en este momento particular de tu vida es: ¿Cuán poderoso quieres ser?"

David inclinó la cabeza hacia un lado. Confundido, dijo: "Me siento perdido. En primer lugar, ¿qué tiene que ver el crecimiento personal con el poder? Y en segundo lugar, sin ofender, no tengo interés alguno en el poder".

Inclinándose hacia adelante, Lincoln dijo: "Señor Ponder... David, si eso es verdad, si no tienes interés en el poder, entonces una incalculable cantidad de atención se desperdicia en ti. ¡Algo de ella en este mismo momento!"

David no estaba seguro de si debía recibir eso como un insulto o no. Comenzó a hablar. "Yo no fui quién...".

Lincoln se adelantó y tocó la rodilla de David. Sonriendo pacientemente, pero interrumpiéndolo con firmeza, dijo: "David". Cuando David guardó silencio, el presidente se echó hacia atrás en su silla. Con los ojos claros todavía fijos en David y con la sonrisa aún en su rostro, dijo suavemente: "Ahora piensa aquí conmigo. El crecimiento personal conduce al poder. Hay cierto nivel de crecimiento personal que proveerá las habilidades necesarias para alimentar y vestir a la familia de uno. Hay otro nivel de crecimiento personal que proporcionará influencia y sabiduría en cantidades suficientes como para que te vean como un líder". Lincoln hizo una pausa. Miró directamente a los ojos del hombre más joven. "Pero para hacer grandes cosas es esencial un gran poder.

"No huyas del poder. Acópialo como harías con la fruta más exquisita. El poder en manos de una buena persona es como un trago de agua fresca en un caluroso día de verano. Refresca a todos con los que se pone en contacto.

"Mira, alguna gente sólo quiere suficiente poder para lograr algo. Entonces hay otra gente que adquirirá suficiente poder para hacer las cosas más confortables para sus familias, e incluirán otras almas menos afortunadas en sus actos de caridad si la parte del crecimiento personal en la ecuación no se hace demasiado incómoda. Pero hay algunos de nosotros, David, que nos hemos adherido a esta tonta idea de que podemos cambiar el mundo. Desarrollaremos la capacidad para pasar por alto lo que es popular y hacer lo que es correcto. Una persona puede alcanzar el poder de dirigir a miles de individuos a la tierra prometida de sus sueños.

"Cuando éramos niños, le teníamos miedo a la oscuridad. Ahora que somos adultos, le tenemos miedo a la luz. Tememos dar un paso al frente. Tememos llegar a ser más de lo que somos. ¿Pero cómo podemos guiar a otros a un destino que no hemos alcanzado? Sigue buscando, hijo. Te insto a buscar esa luz que te parece tan distante. Valdrá la pena el viaje. Te convertirás en un faro de crecimiento personal y de poder, y por medio de tu ejemplo y liderazgo, impedirás que muchos hombres dignos destrocen su vida sobre las rocas de la mediocridad".

"Ahora sé de lo que habla", dijo David, inclinando la cabeza. "¿Así que cómo planifico mi crecimiento personal? ¿Qué es lo importante en esta… búsqueda?"

"Bien", comenzó Lincoln, "siempre me ha ilustrado cuestionarme a mí mismo".

"¿Sobre qué?"

"Sobre mí mismo".

"¿Se pregunta usted sobre usted mismo?"

"Sí", dijo el presidente riendo. "¡Al menos por lo general sé todas las respuestas!" Tocándose la barba, continuó: "En serio, preguntas tales como: '¿De qué manera me ven los demás?' y '¿Qué no les gusta?' pueden ser muy reveladoras si se contestan honestamente. Cuando llegues a ser la clase de persona con la cual la gente quiera relacionarse, llegarás a ser una persona influyente".

"¿Entonces voy a tratar de agradarle a la gente?", preguntó David.

"No necesariamente. Hablo sobre pulir las aristas que puedas encontrar en tu apariencia física y acciones tales como los modales y el lenguaje. Como es natural, continúo encontrando terreno fértil para el cambio en mis actitudes.

"Pero nunca complacerás a todos, ni complacer a todos debe ser tu meta. Por ejemplo, procurar la aprobación de alguien que es haragán o celoso es echarle tus perlas a los puercos. Descubrirás que Dios rara vez utiliza a una persona cuya preocupación principal es lo que otros piensan".

"¿Alguna vez le preocupa lo que otros dicen de usted?", le preguntó David.

El presidente se inclinó rápidamente hacia delante con una expresión seria en el rostro. "¿Por qué?, dijo. "¿Qué dicen?"

Al ver la expresión sorprendida de David, Lincoln se rió. "David, heredé una pesadilla del presidente Buchanan. Para cuando asumí la presidencia, siete estados se habían separado de la Unión y Jefferson Davis había sido nombrado presidente de la Confederación de Estados de América. Entre tú y yo, Buchanan no ayudó mucho. Dejó Washington proclamándose a sí mismo el último presidente de los Estados Unidos.

"Como debes saber, soy el primer presidente republicano. Fui electo por una minoría del voto popular y aun algunos miembros de mi propio gabinete me ven como alguien de tercera clase. Para muchos de la elite de Washington, siempre seré un abogado de provincia, un intruso torpe y poco refinado. Si fuera a preocuparme con las columnas periodísticas que me llaman deshonesto o estúpido, y mis sentimientos se destruyeran cada vez que un opositor político me llama mono o bufón, ¡nunca me ocuparía de la obra para la cual nací!"

Lincoln se puso en pie y se metió las manos en los bolsillos. "Tarde o temprano, todo hombre de carácter verá ese carácter cuestionado. Todo hombre de honor y valor se enfrentará a una crítica injusta, pero nunca olvides que la crítica injusta no ejerce ningún impacto sobre la verdad. ¡Y la única manera segura de evitar la crítica es no hacer nada y ser nada!"

Mientras hacía una pausa para tomar aliento, la atención de Lincoln se distrajo por un ruidoso y vibrante aplauso de la audiencia fuera de la tienda. Sonrió y le señaló a que lo acompañara. "Veamos dónde estamos en el programa".

El presidente caminó hacia la entrada de la tienda y abrió la puerta de lona, lo que permitió que tuvieran una clara visión del estrado. El mismo caballero que David había visto antes todavía hablaba. "¿Quién es?", le preguntó David.

Sin volverse, Lincoln contestó: "Ese es nuestro orador principal para esta ocasión. El honorable Edward Everett. Fue presidente de la Universidad de Harvard y secretario de estado bajo el presidente Fillmore. De hecho, puede mantener una audiencia en la palma de la mano. Mira a los rostros de la gente. Están cautivados".

"Estoy seguro de que esperan por usted, señor", le dijo David.

Lincoln sonrió y dejó caer la puerta de lona con cuidado. Alejándose de la entrada, dijo: "Aprecio el halago, pero hoy sólo tengo una pocas observaciones que hacer, Estoy aquí para la dedicación. Fui invitado hace sólo tres semanas".

En ese instante, entró el joven elegantemente vestido que había estado antes en la tienda. Lincoln hizo un gesto hacia él con la mano y dijo: "John Hay, mi secretario personal".

David se quedó un momento inmóvil y entonces contuvo la risa mientras el joven vacilaba. Vio como Hay miraba de un lado al otro, echaba un vistazo entonces alrededor de la tienda y decía vacilante: "¿Señor?"

Recobrándose rápidamente, Lincoln preguntó: "¿En qué puedo ayudarte, John?"

Hay frunció la frente, obviamente perplejo, y continuó mirando cautelosamente detrás del presidente.

"John", dijo Lincoln otra vez, reclamando bruscamente la atención de Hay: "¿En qué puedo ayudarte?"

"Yo... ah... perdone la interrupción, señor Presidente". Ahora Lincoln contuvo la risa. David tenía la mano puesta sobre la boca. " Bien... señor", balbuceó Hay, "quiero que sepa que cuando el señor Everett haya concluido, el Club Coral de Baltimore cantará una oda escrita para esta ocasión. La música proporcionará el tiempo necesario para escoltarlo a usted desde aquí hasta el estrado".

"Gracias, John", dijo Lincoln mientras se movía hacia la puerta. "Entonces, el comienzo de la música será mi señal para unirme a ti fuera de la tienda. Hasta ese momento, quiero estar solo."

El presidente abrió la puerta de la tienda, un gesto que obviamente pretendía apresurar la partida de su secretario. Hay se introdujo por la abertura y se dio vuelta. Inclinado con medio cuerpo dentro y medio cuerpo fuera de la tienda, formuló cuidadosamente la pregunta: "Señor, perdóneme, ¿dice usted que no debo volver a entrar?"

"Así es, John".

"¿Así que usted se encontrará conmigo fuera de la tienda cuando esté listo para ir al estrado?"

"Sí, John".

En breve, Hay hizo una pausa. Entonces, todavía inclinado en la entrada, dijo: "Señor, perdone la imprudencia, pero quiero preguntarle…".

"John", lo interrumpió Lincoln.

"¿Sí, señor?"

"Te encontraré fuera de la tienda cuando esté listo para ir al estrado".

"Sí, señor", dijo resignado Hay y se deslizó fuera de la puerta.

El presidente cerró la lona y, apurando a David para que lo siguiera con un movimiento de la cabeza, caminó rápidamente hacia el escritorio. Cuando se sentó, le corrían lágrimas por el rostro hasta que dejó estallar la risa. Durante algunos momentos los dos rieron de buena gana.

Recobrando el control, Lincoln suspiró profundamente y miró a su alrededor. "Eso estuvo demasiado cerca, mi amigo. De momento olvidé que él no podía verte. John es un magnífico joven. Odio reír a costa de él, pero el Todopoderoso me perdonará, ¡la apariencia de su rostro era única!"

David rió entre dientes y se sentó, reclinando la silla sobre dos patas en una posición más cómoda. "Antes que su secretario entrara, hablaba usted de su parte en esta ceremonia de hoy".

"Sí", la sonrisa de Lincoln desapareció mientras se aclaraba la garganta. "Sí, hoy hacemos una pausa en nuestras batallas para dedicar una terrible realidad de esta guerra: un cementerio. Ahora hay unos cuantos de ellos en los alrededores, como debes saber. Ciertamente, más de los que puedo dedicar".

Lincoln frunció el entrecejo y continuó: "Hubo cincuenta mil bajas allí. Decían que la sangre corría como arroyos por el suelo". Se quedó quieto por un momento, y entonces se le iluminó el rostro y dijo: "Ahora tengo a Grant. Esto no durará mucho más".

"¿Está ganando la guerra?", le preguntó David.

"¡No la estábamos ganando, puedo decirte eso! Pero tras la batalla de Gettysburg, el pasado julio, el resultado parece de veras mucho más brillante".

A David se le ocurrió algo de pronto y preguntó: "Señor Presidente, ¿recuerda a un oficial de su ejército, el Coronel Joshua Chamberlain? Está con el regimiento Veinte de Maine".

Lincoln irguió la cabeza y pensó un momento, entonces dijo con lentitud: "No, no lo recuerdo. ¿Debería conocer a ese hombre?"

"Puede ser. Luchó aquí en Gettysburg. Cuando usted regrese a Washington tal vez quiera conocerlo". El presidente movió la cabeza. "Tengo otra pregunta", continuó David, "¿cree que Dios está de su lado?"

Lincoln observó detenidamente a David. "El veintidós de septiembre del año pasado firmé una proclamación de libertad para todos los esclavos especificando que desde ese día en adelante serían libres para siempre. El momento escogido para ese gesto todavía es objeto de algún debate. Uno de los miembros de mi gabinete dio a conocer a cualquiera que quisiera escuchar que una amplia mayoría del público estaba en mi contra y mis intenciones de firmar la Proclamación de Emancipación. Sin embargo, mi plataforma es que mientras la opinión pública puede oscilar hacia delante y hacia atrás, el bien y el mal no lo hace.

"Si nos acostumbramos a las cadenas de la esclavitud, preparamos nuestros miembros para llevarlas. El espíritu de nuestro gobierno y nuestras instituciones debe ser el de elevar a las personas, y estoy opuesto a todo lo que las degrade. Soy de la opinión de que el bien engendra bien. Por lo tanto, firmé el documento y ahora haremos que se cumpla con efectividad.

"Así que tu pregunta era: '¿Creo que Dios está de nuestra parte?' Para ser completamente sincero, no le he prestado mucha atención a esa pregunta. Me preocupa mucho más si estamos nosotros del lado de Dios".

David recordó algo que Lincoln había dicho antes. "Usted mencionó a Grant", dijo de pronto. "¿Por qué representará él una gran diferencia?"

"¡Porque se preocupa como yo!", llegó la aguda respuesta. "Me ha tomado casi tres años encontrar un comandante en jefe al que no tenga que vigilar como una niñera. Winfield Scott fue mi primer comandante en jefe. Luego McDowell, seguido por Fremont, entonces el desastroso McClellan. ¡Te imaginas! ¡En McClellan tuve un comandante de todo el ejército de la Unión que rehusó enfrentar al enemigo!

"Después de McClellan, nombré a Henry Halleck, quien es graduado de West Point y hasta ha escrito un libro sobre táctica militar. Lo leí el año pasado antes de su nombramiento. Magnífico libro, buena teoría, pero los libros no libran guerras. El hombre evadió toda responsabilidad personal, perdió la poca compostura que trajo a la tarea y se convirtió en un simple empleado de primera clase.

"McClernand fue el siguiente, y todo lo que hizo fue quejarse de los otros generales. Era rara la semana que no recibía una larga y repetitiva comunicación en la cual criticaba algo que Sherman o Grant habían hecho. Después de McClernand, sufrí a Rosecrans, luego a Burnside, y por último a Nathaniel P. Banks.

"Naturalmente, el día que anuncié mis intenciones de promover al General Grant, fui difamado por la prensa. De hecho, mucha gente había estado presionando en favor de la destitución de Grant, pero no puedo prescindir de este hombre. ¡Él pelea! He escuchado que se dice que bebe demasiado. Bien, si puedo averiguar lo que bebe, ¡le enviaría unas cuantas cajas a los demás generales!"

David rió por el comentario. Lincoln sonrió y continuó: "Supongo que a lo que quiero llegar con todo esto es que Ulysses S. Grant está empeñado en triunfar tanto como yo. Si estás determinado a triunfar, tendrás que rodearte de triunfadores. No te desalientes con la gente que puedas escoger para tu equipo que habla mucho pero produce poco. Grant es mi décimo intento. Sólo sigo poniéndolos en el bote para ver quién quiere remar con tanta fuerza como yo".

"¿Qué hará usted si… cuando triunfe?", le preguntó David.

"Quieres decir, ¿a dónde llevaré a la nación?"

"Sí. Después de la guerra, ¿cuál será su primera prioridad?"

"Esa es una pregunta relativamente fácil de contestar. De hecho, he pasado muchas horas considerando en oración mi respuesta. La primera mañana después que cesen todas las hostilidades, saludaré el día con un espíritu de perdón".

David estaba asombrado. "¿Cómo puede perdonar? ¡No lo entiendo!"

"En realidad es un concepto muy simple y es la única acción de suma importancia que llevo a cabo con regularidad. El perdón me permite ser eficaz como esposo, padre, amigo y líder de este país".

Confundido, David le preguntó. "¿Qué tiene que ver el perdón con ser eficaz?"

Lincoln pensó por un momento, cruzó las piernas y contestó. "¿Has estado alguna vez tan irritado o molesto con alguien que sólo podías pensar en esa persona y en la forma horrible que te trató? Piensas en la persona cuando debías estar durmiendo, y todo lo que debías haber dicho o te hubiera gustado decir te viene a la mente. Cuando podrías estar disfrutando de una velada con tu familia, tus hijos están muy lejos de tus pensamientos. Esa persona que te ofendió está recibiendo toda tu energía. Sientes como si fueras a explotar".

Inclinándose hacia delante, preguntó: "¿Te has sentido alguna vez de esta manera?"

"Sí", asintió David. "Me he sentido así".

Lincoln se recostó en su silla y descruzó las piernas. "Bien, también yo. Debo a esos sentimientos fracasos en los negocios, conflictos matrimoniales y derrotas en varias contiendas políticas. Pero también le debo una gran parte del éxito que disfruto al descubrimiento de este simple secreto".

"¿Qué secreto?", le preguntó David.

"El secreto del perdón", respondió Lincoln. "Es un secreto que está escondido a plena vista. No cuesta nada y vale millones. Está a disposición de todos y pocos lo utilizan. Si aprovechas el poder del perdón, serás venerado, buscado y rico. Y no por casualidad, ¡serás perdonado también por los demás!"

David se veía confundido. "¿A quién se supone que perdone?"

"A todo el mundo".

"¿Pero y si no piden perdón?"

Lincoln levantó sus oscuras cejas y sonrió. "¡La mayoría no lo hará! ¡Causa asombro que esta vil gente que se atreve a ocupar nuestras mentes con pensamientos de enojo en realidad viven sin conocimiento alguno de nuestros sentimientos o ninguna convicción de que han hecho algo mal!"

David frunció el ceño. "Estoy seguro de que todo eso es verdad, ¡pero todavía no puedo entender cómo puede usted perdonar a alguien que no ha pedido perdón!"

"Sabes", comenzó a decir Lincoln: "Durante muchos años pensé que el perdón era semejante a un rango de caballero; algo que se dispensaba a un pobre desdichado que se arrastraba a mis pies e imploraba mis bendiciones. Pero cuando maduré y observé a gente exitosa, logré una nueva perspectiva del perdón.

"No puedo recordar un solo libro, incluida la Santa Biblia, que diga que para perdonar a alguien, ella o él tiene que pedirlo. ¡Piensa en este concepto! ¿Dónde está escrita la norma de que antes de perdonar a alguien, la persona debe merecerlo? ¿Dónde está escrito que para que yo perdone, deben haberme ofendido no más de tres veces? ¿O siete? ¿O diecisiete?

"La indudable verdad sobre el perdón es que no constituye una recompensa que debe ser ganada; el perdón es un regalo que debe ser otorgado. Cuando perdono, libero mi propio espíritu para que se deshaga de la ira y el odio que se anidan en mi corazón. Al perdonar, libero mi espíritu para que vaya tras la futura felicidad y se deshaga de las ataduras de mi pasado. Y el perdón, cuando se otorga a otros, se convierte en un regalo para mí mismo".

David asintió lentamente: "Supongo que nunca consideré el perdón como algo que dependía de mí".

En ese momento, comenzaron los vítores y un prolongado y sostenido aplauso afuera. El presidente sacó un reloj de bolsillo de su chaqueta y dijo: "Espero que sea el final del señor Everett. Bien, no falta mucho ahora".

David se levantó.

"Siéntate un momento, hijo", ordenó gentilmente Lincoln. David lo hizo.

"David, estás en un momento crítico de tu vida, y existe una persona a la cual no has perdonado por demasiado tiempo. Con la limitada autoridad que se me ha concedido como tu anfitrión durante este breve período, debo advertirte que sin un espíritu de perdón, tu eficacia como esposo, padre y líder de personas estará en el fin. La clave para todo lo que te reserve el futuro, el criterio que hará que tus sueños se conviertan en realidad, es el perdón".

David tenía la boca abierta y una mirada de confusión y medroso asombro estaba inscrita en sus ojos. "¿De quién se trata?", dijo. Lincoln se limitó a mirarlo. "¿Señor? ¿Quién es?"

Lincoln se puso en pie y alisó la parte delantera de su chaqueta y sus pantalones. David se puso en pie y dijo: "¡Señor Presidente, tiene que decirme de quién se trata!" Lincoln levantó el vaso de agua y bebió su contenido. Caminó hacia la puerta y David puso la mano sobre el brazo de Lincoln. "¡Escuche!", dijo David. "Usted está a punto de salir de esta tienda y nunca más lo volveré a ver. Ha dicho que mi vida prácticamente habrá terminado si no perdono a esa persona. ¡Así que si es tan importante, dígamelo! ¿A quién debo perdonar?"

El presidente miró cuidadosamente a los ojos de David y dijo simplemente: "A ti mismo".

Lágrimas se asomaron a los ojos de David mientras sacudía la cabeza. Dijo suavemente: "No pensé…".

"David", dijo Lincoln mientras colocaba las manos sobre los hombros del joven, "tu esposa no está enojada contigo, tu hija no está enojada contigo. Tus amigos, entre los cuales estoy yo, no estamos enojados contigo y Dios no está enojado contigo. Así que, David…", Lincoln hizo una breve pausa y dijo con una sonrisa, "no estés enojado *contigo* mismo. Perdónate a ti mismo. Comienza de nuevo".

"Gracias", dijo David mientras enjugaba sus ojos con la manga de su camisa.

"Me siento honrado de haber sido útil", dijo Lincoln. Tomó el sombrero del escritorio y preguntó: "¿Estás dispuesto a seguirme afuera? Podrías unirte a la multitud y escuchar si quieres".

"Eso sería magnífico", dijo David. "¡Gracias! Por cierto, siento haber ocupado todo su tiempo de preparación aquí en la tienda".

"No hay ningún problema", respondió el presidente. "He tenido preparadas estas líneas durante casi dos semanas".

"¿De verdad? Sabe, eso es fascinante. Cuando la gente lo estudia ahora, o... ah, en el futuro, una de las cosas se nos enseña es que usted escribió este específico discurso en el tren hacia Gettysburg".

Lincoln sonrió. "No, escribí la dedicación de hoy allá en Washington. Supongo que la situación pudo haberse confundido con facilidad porque escribía en el tren hacia Gettysburg. En realidad...", Lincoln tomó un pedazo de papel del interior de la banda de su sombrero de copa y se lo enseñó a David. "Escribía esto para ti".

David sonrió y siguió a Lincoln hasta la puerta. El coro estaba cantando un himno y dentro de la tienda, los dos hombres podían oír los sonidos de veinte mil personas cambiando de posición. Lincoln se agachó para atravesar la puerta y entonces, se detuvo de pronto. Al volverse y enfrentarse a

David, tenía una expresión interrogativa en el rostro. "¿Dices que la gente me estudiará en el futuro?"

"Sí, señor", respondió David.

Lincoln bajó la voz y entrecerró los ojos. "Sólo entre tú y yo, *ganamos* esta guerra, ¿no es cierto?"

"Sí, señor".

Con una leve sonrisa en el rostro y una ceja levantada, añadió una última pregunta: "¿Grant?"

David asintió. "Sí, señor", dijo y siguió al gran hombre que salía de la tienda.

Afuera, David se quedó atrás mientras John Hay y varios soldados rodeaban inmediatamente al presidente y lo escoltaban hacia el estrado. Lincoln le dio la mano a Edward Everett, quien había permanecido cerca para escuchar al presidente. El coro había terminado y abandonado el estrado cuando un maestro de ceremonias, vestido con un fino traje de etiqueta negro, se acercó al podium y anunció: "Señoras y señores, el presidente de los Estados Unidos de América, Abraham Lincoln".

Con este anuncio, veinte mil personas se pusieron de pie y dieron vítores. David se deslizó frente al estrado y se paró junto a todos los demás. Cuando los aplausos se apagaron, se quedaron en pie. David estaba exactamente a la derecha cuando su amigo, Abraham Lincoln, con una voz aguda, casi chillona, dijo las palabras que comenzarían a sanar a una nación quebrantada:

"Hace ochenta y siete años, nuestros padres crearon en este continente una nueva nación, concebida en libertad y dedicada al principio de que todos los hombres son creados iguales.

"Ahora estamos envueltos en una gran guerra civil, para probar si esa nación –o cualquier nación así dedicada y concebida— puede prevalecer. Nos hemos reunido en un gran campo de batalla de esa guerra. Nos hemos reunidos para dedicar una porción de dicho campo como el lugar de descanso final de aquellos quienes dieron sus vidas para que esa nación sobreviviera. Es justo y apropiado que hagamos esto.

"Pero en un sentido más amplio no podemos dedicar, no podemos consagrar, no podemos santificar esta tierra. Los valientes hombres, vivos y muertos, que lucharon aquí, la han consagrado más allá de nuestro poder para añadir o quitar. El mundo apenas notará ni recordará por mucho tiempo lo que decimos aquí, pero nunca podrá olvidar lo que ellos hicieron. Antes bien, nos corresponde a nosotros, los que vivimos, dedicarnos aquí a la labor inacabada que ellos han llevado a cabo hasta ahora con tanta nobleza. Nos corresponde a nosotros dedicarnos a la gran tarea que está delante, y aprendemos de la gran devoción de estos honorables hombres muertos, por la cual dieron la mayor prueba de devoción, que resolvemos que los muertos no han muerto en vano, que la nación, bajo Dios, tendrá un nuevo nacimiento de libertad del pueblo, por el pueblo y para el pueblo, y no desaparecerá de la faz de la tierra".

Por un momento, la multitud permaneció en silencio. Entonces David escuchó a su alrededor que la gente comenzaba a aplaudir. Uniéndoseles entusiasta, observó mientras Lincoln asentía a la multitud, reconociendo su aprecio, y entonces saludaba a la gente que estaba más alejada del estrado. En un momento dado, miró hacia abajo, captó la mirada de

David y sonrió. Entonces saludó a la audiencia una vez más, se volvió y se fue.

David se abrió paso entre la gente y caminó hacia una gran haya que se elevaba solitaria sobre la suave ladera de una colina. Estaba lejos de las miles de personas cuando se sentó a la sombra del árbol. Escuchando las voces del coro mientras cantaba otro himno desde el estrado, David desdobló el papel que le dio el decimosexto presidente de los Estados Unidos y leyó.

La sexta decisión para tener éxito

Saludaré este día con un espíritu de perdón.

Durante demasiado tiempo, cada gramo de perdón que poseía fue encerrado bajo llave, escondido de la vista, a la espera de que aplicara su preciosa presencia sobre alguna persona digna. ¡Qué pena!, encontré que la mayoría de la gente era particularmente indigna de mi valioso perdón, y cómo nunca lo solicitaron, lo conservé para mí mismo. Ahora, el perdón que he guardado ha germinado dentro de mi corazón como una semilla defectuosa que produce una fruta amarga.

¡No más! Desde este momento, mi vida se enfrenta a una nueva esperanza y seguridad. Entre todos los habitantes del mundo, soy uno de los pocos poseedores del secreto para disipar la ira y el resentimiento. Ahora comprendo que el perdón sólo tiene valor cuando se regala. A través del simple acto de otorgar perdón, libero los demonios del pasado sobre los que nada puedo hacer, y creo en mí un nuevo corazón, un nuevo comienzo.

Saludaré este día con un espíritu de perdón. Perdonaré aun a aquellos que no han pedido perdón.

Muchas son las ocasiones cuando he ardido en ira por una palabra o acción lanzadas a mi vida por una persona desconsiderada o indiferente. He desperdiciado valiosas horas pensando en una venganza o una confrontación. Ahora veo revelada la verdad sobre esta piedra sicológica metida en mi zapato. ¡La ira que alimento es con frecuencia unilateral, pues quien me ofende rara vez presta atención a su ofensa!

Ahora y siempre ofreceré silenciosamente mi perdón aun a aquellos que no lo buscan o que no ven que lo necesitan. Por el simple hecho de perdonar, ya no siguen consumiéndome los pensamientos improductivos. Renuncio a mi amargura. Estoy contento en mi alma y soy de nuevo eficaz con mis semejantes.

Saludaré este día con un espíritu de perdón. Perdonaré a aquellos que me critican injustamente.

Con el conocimiento de que toda forma de esclavitud es mala, también sé que el individuo que vive una vida de acuerdo con la opinión de otros es un esclavo. Yo no soy un esclavo. He elegido mi propio consejo. Sé la diferencia entre el bien y el mal. Sé lo que es mejor para el futuro de mi familia, y ni la opinión errada ni la crítica injusta alterarán mi curso.

Aquellos que critican mis metas y mis sueños simplemente no entienden el propósito más elevado a que he sido llamado. Por lo tanto, su menosprecio no afecta mi actitud o acciones. Perdono su falta de visión y continúo hacia delante. Ahora sé que la crítica es parte del precio que se paga por salir de la mediocridad.

Saludaré este día con un espíritu de perdón. Me perdonaré a mí mismo.

Durante muchos años he sido mi peor enemigo. Cada error, cada cálculo equivocado, cada traspié que he dado ha resonado una y otra vez en mi mente. Cada promesa rota, cada día desperdiciado, cada meta no alcanzada ha agravado el disgusto que siento por la falta de logros en mi vida. Mi desaliento ha desarrollado una fuerza paralizante. Cuando me desilusiono a mí mismo, respondo con inacción y entonces me siento más desilusionado.

Hoy me doy cuenta de que es imposible luchar con un enemigo que vive en mi cabeza. Al perdonarme a mí mismo, elimino las dudas, los temores y la frustración que han mantenido mi pasado en el presente. Desde este día en adelante, mi historia dejará de controlar mi destino. Me he perdonado a mí mismo. Mi vida acaba de comenzar.

Perdonaré aun a aquellos que no piden perdón. Perdonaré a los que me critican injustamente. Me perdonaré a mí mismo.

Saludaré este día con un espíritu de perdón.

NUEVE

DAVID SACÓ LA BOLSA DE TABACO DE SU BOLSILLO. Cuidadosamente, dobló el papel y lo colocó dentro de la gastada tela. Su mano frotó el suave cuero sobre el cual el rey Salomón había escrito la Segunda Decisión. "Una, dos, tres, cuatro, cinco, seis". David contó en voz alta las preciosas páginas. *Se supone que reciba siete*, pensó. *¿Adónde iré a continuación?*

David estaba tenso. Aguardar la experiencia de saltar a través del espacio y el tiempo lo había dejado nervioso y exhausto. Mientras miraba a través del campo, vio al grupo que acompañaba a Lincoln abandonar a caballo el cementerio. El presidente, con sus guantes blancos y sombrero negro de copa brillando a la luz del sol, era una figura gallarda. David sonrió y sacudió la cabeza asombrado.

Una sensación de fatiga sobrecogió a David. Incapaz de mantener los ojos abiertos, devolvió la bolsa a su bolsillo y se recostó. Trataba de mantenerse despierto y tenía miedo de quedarse dormido, pero no podía impedirlo. Visiones de

Ellen y Jenny lo asaltaban. "¿Dónde estás, Papá?", lloró Jenny. "¡Regresa a casa!" Era un sueño, lo sabía David, pero no podía despertarse. Trató de tocarlas, pero estaban fuera de su alcance. *Esto es una locura*, pensó David. *Estoy soñando en medio de un sueño. ¡Tengo que despertarme!*

Ellen estaba parada con las manos sobre los hombros de su hija, quien sollozaba y la estaba consolando. "David, te necesitamos", dijo ella.

¡Despierta!, se David gritó a sí mismo.

"Espero grandes cosas de ti, hijo". Era la voz de un hombre. David dio media vuelta para ver a su suegro. Había lágrimas en sus ojos. "Me prometiste que cuidarías de mi hija".

David se despertó empapado en sudor. Sentía náuseas pero estaba aterrado de cerrar los ojos otra vez. "Demasiado real", murmuró para sí mismo mientras se sentaba. "Eso fue demasiado real". Desorientado, David vio que estaba sobre un piso de concreto rodeado de... ¿papel?

Enderezándose, se frotó los ojos mientras se le aclaraban los sentidos. Directamente frente a él había más papel. David se arrodilló y se puso en pie. Vio que no eran pedazos de papel ordinarios sino fotografías. Y todas las fotografías eran de un niño. Había bultos de fotos atadas y colocadas pulcramente sobre un estante tras otro. Tres grandes cestos con cientos de fotografías sueltas se encontraban al pie de una fila como a la espera de que las ordenaran. Eran fotos de niños de todas las edades y colores. En algunas fotos había dos niños y uno solo en muchas más. David vio otras que tenían tres o cuatro niños, y unas cuantas mostraban cinco o seis.

David entró en una abertura a su izquierda. Era una especie de pasillo y exactamente más allá de él se levantaban enormes percheros llenos de ropa. Caminando con paso vacilante, David se acercó a las telas de colores brillantes y deslizó la mano sobre un pequeño abrigo. Al levantar la manga de otra pieza de ropa, se dio cuenta de que era también un abrigo. De hecho, pronto determinó que cada una de las piezas de ropa era un abrigo. Grandes, pequeños, abrigos y chaquetas, cada uno en su perchero individual. "Miles", murmuró David, "quizás cientos de miles".

David se volvió a las fotografías y se quedó boquiabierto. Pararse en medio del pasillo le dio una visión periférica de dónde había despertado momentos antes. Próximo a las fotografías, no había sido capaz de ver cuán alto estaban apilados los estantes, pero al mirar hacia arriba, no pudo siquiera divisar un techo. Había estantes de fotos uno encima del otro literalmente más allá de la vista.

No había dispositivos lumínicos en este lugar, o luces de ningún tipo, y sin embargo, de alguna manera, todo estaba bañado de un suave y uniforme resplandor. A su derecha, el pasillo continuaba aparentemente sin tener fin. A su izquierda, lo mismo. No parecía existir una estructura definida en el edificio, si en realidad se trataba de un edificio. *¿Todavía estoy soñando?*, se preguntó David.

Al notar algo diferente en los estantes detrás de las fotografías, David caminó lentamente por el pasillo unos cien metros hasta que vio sillas de ruedas. Miles de sillas de ruedas. Alineadas y sobre estantes. Hilera tras hilera de sillas de ruedas niqueladas y brillantes. Más allá de las sillas de ruedas había camas de todo tamaño, pequeñas, grandes y medianas. También vio bicicletas de todos tipos y colores.

Frente a las bicicletas había documentos legales de algún tipo. David miró desde más cerca. Eran títulos de automóviles. Los papeles, sobre estantes y atados como habían estado las fotos, se extendían sobre un área mayor que diez casas y, como todo lo demás en este lugar, en pilas más elevadas de lo que podía divisar.

A continuación de los títulos de automóviles había zapatos de todos los estilos, cada par en su propio cubículo separado. Los zapatos de bebé ocupaban un gabinete que David calculó podía tener sesenta o setenta metros de largo y quién sabe qué altura. Seguían a los zapatos de bebé gabinetes llenos de zapatos de vestir de hombre y de mujer, y botas impermeables y zapatillas. Cientos de miles, quizás millones de zapatos, David no estaba seguro.

Sin embargo, David estaba seguro de que nunca antes había estado en ningún lugar como este. La temperatura parecía perfecta. No había música ni olores. No había visto pilotes de apoyo de ningún tipo ni paredes ni gente. *¿Dónde estoy?*, pensó. *¿Qué lugar es este y qué significan estas cosas?*

Continuó caminando y encontró nuevos pasillos, pero ninguno con un final. Vio pantalones vaqueros y medicinas y fotos de casas. Allí había calentadores y licencias matrimoniales, tejas de techo y comida. Poco a poco, se abrió paso de regreso hacia las fotos de los niños.

En el camino, pasó por un área con montones de dinero. Efectivo de todas las monedas y denominaciones. David se puso las manos en las caderas, entreabrió los labios y expulsó todo el aire de sus pulmones. "Esto no tiene sentido alguno", dijo en voz alta. A continuación, contó doscientos nueve pasos antes de que ya no hubiera dinero junto a él.

Pronto, David estuvo de regreso en el punto de partida, aunque sabía que no había visto ni remotamente todo. Al dar una vuelta completa, observándolo todo a su alrededor, una foto revoloteó hacia abajo desde algún lugar encima. Aterrizó en el piso no lejos del lugar donde David estaba parado. Levantándola, se movió para colocarla de nuevo sobre un estante pero se detuvo. Algo le preocupaba en cuanto a la fotografía.

Era una foto a color de dos niños, un niño y una niña, cada uno de unos seis o siete años. Eran con toda claridad hermano y hermana, pero se parecían mucho a Jenny, su propia hija. Tenían los ojos azules como Jenny –y Ellen—, y el cabello rubio levantado en el mismo mechón rebelde sobre la parte frontal izquierda.

David sacudió asombrado la cabeza. No podía quitar los ojos de la foto.

Vagamente, casi de forma inconsciente, David escuchó algo. Levantando abruptamente la vista, miró a lo largo del pasillo donde recientemente había estado y vio una figura que caminaba hacia él. La persona se movía desde varios cientos de metros de distancia y se dirigía hacia él caminando con facilidad. Cuando se aproximó al área que tenía las camas y las bicicletas, David pudo ver que se trataba de un hombre. Era enorme. David medía un metro y ochenta y cinco centímetros, pero vio que este hombre era mucho más alto que él.

David se movió un poco hacia la izquierda, sintiéndose un poco más seguro junto a los montones de fotografías. Observó que el hombre tenía cabello rubio, casi dorado y que era rizado. Lo tenía relativamente corto; le llegaba hasta las cejas y le rozaba las orejas. Llevaba un manto envuelto sobre los hombros que descendía hasta sus rodillas. Era blanco, o quizás de color claro. En realidad, ese hombre, que ahora estaba a no más de quince metros de distancia, parecía estar vestido con lo que David sólo podía describir como espectros de luz.

El hombre lo saludó con una sonrisa cuando estuvo más cerca, entonces se detuvo y se volvió para enderezar una silla de ruedas a su derecha. Cuando lo hizo, David se quedó con la boca abierta. El hombre tenía alas.

Eran del blanco más puro y estaban ubicadas cerca de sus omóplatos. Cuando el hombre se inclinó para mover la silla de ruedas, David pudo ver que recorrían todo el largo de su cuerpo, y las puntas se extendían casi hasta el suelo. Cuando se puso otra vez completamente de pie, las alas se doblaron sobre su espalda.

Acortando con rapidez la distancia entre ellos, el hombre se detuvo y dijo: "Hola, David Ponder, me llamo Gabriel".

Era tan alto como David había pensado al inicio y tenía la constitución de un guerrero. Musculoso, aunque de alguna manera gentil, no era en manera alguna amenazador. Tenía la nariz larga y recta, los labios llenos, y la piel de su rostro era suave y sin barba. Pero sus ojos atrajeron la atención de David. Eran del azul más brillante que nunca había visto y parecían empolvados con pedacitos de oro.

David se quedó con la boca abierta. "¿Es usted un ángel?", acertó por último a decir.

"En realidad un arcángel", sonrió Gabriel, mostrando dientes perfectamente parejos y blancos. "Hay una diferencia, ¿sabes?".

"Lo siento, yo… ah… en realidad no", balbuceó David. "Sabía, quiero decir, sé que hay una diferencia".

"No importa, David Ponder", respondió Gabriel. "Es un honor para mí conocerte".

Señaló la fotografía que David tenía en la mano y dijo: "¿Puedo verla?"

"¡Ah… seguro!", dijo David y se la entregó.

Gabriel miró la fotografía durante un momento, entonces se la mostró de nuevo a David. "Preciosos niños, ¿no es así?" David asintió de acuerdo y observó mientras Gabriel la colocaba en el cesto de las fotos sueltas.

"¿Así que *estoy* muerto?", dijo David abruptamente.

Gabriel frunció la frente y pareció confundido. "¿Qué dijiste?"

"Si estoy con usted, entonces debo estar en el cielo. Y si estoy en el cielo, debo estar muerto".

Gabriel rió. "No, no estás muerto. Esta es una mera parada, quizás la más importante parada de tu viaje. Este es el único destino que todos los viajeros tienen en común".

"¿Ha habido muchos viajeros?", preguntó David.

"Relativamente pocos", dijo Gabriel, "cuando se considera el comienzo del tiempo como lo conoces y el número de personas con las que hemos tenido que ver. Pero para aquellos a quienes se escoge para viajar, la comprensión de su verdadera misión comienza aquí, en este lugar. Juana de Arco, George Washington y Martin Luther King, Jr., todos dieron un paso hacia el destino desde donde estás parado ahora".

"¿Cuál es el dónde exactamente?" David movió sus manos. "¿Qué es este lugar?"

Gabriel levantó un dedo. "Todavía no", dijo. "Caminemos juntos primero".

Alejándose lentamente de la dirección por la que había venido, Gabriel guió a David por el lado de ventiladores de techo y aire acondicionados, neumáticos y mantas, relojes y fotografías de animales. Al igual que había habido fotografías de niños, David vio filas y carpetas y montones de fotos de perros, gatos, caballos, conejitos de la India, pájaros, tortugas, peces, y unos cuantos animales que ni siquiera reconoció.

Al acercarse a una vasta área apilada pulcramente con monstruosos rollos de alfombras, Gabriel se detuvo, se volvió y sin previo aviso preguntó: "¿Te consideras un hombre de fe, David Ponder?"

David arrugó la frente. Momentáneamente tomado de sorpresa, dijo: "No estoy seguro de lo que quiere decir".

Gabriel levantó las cejas. "En realidad es una simple pregunta. ¿Te consideras un hombre de fe? ¿Guía la fe tus emociones y acciones cotidianas? A todos los hombres los guía la fe o el temor, uno o el otro, porque en un sentido ambos son iguales. Tener fe o tener temor es esperar un acontecimiento que no ha ocurrido o la creencia en algo que no puede tocarse o verse. Un hombre temeroso vive siempre al borde de la locura. Un hombre de fe vive en una perpetua recompensa".

"¿Recompensa?", dijo David, confundido.

Gabriel comenzó a caminar de nuevo y respondió. "Tener fe es creer lo que uno no ha visto. La recompensa de la fe es ver lo que uno ha creído. ¿Te consideras un hombre de fe, David Ponder?"

"Para ser sincero", replicó David, "siempre me he considerado un hombre de razonamiento".

Gabriel giró hacia la derecha, conduciendo a su huésped a lo largo de un ancho pasillo. "El razonamiento nunca da cabida a milagros; la fe produce milagros. Y en una comparación final, la fe es una guía más sólida que el razonamiento, el cual sólo se puede extender hasta cierto punto, pero la fe no tiene límites. El único límite de tus logros de mañana es la duda a la que te aferras hoy".

"¿Es para mí realista trabajar y vivir a la espera de milagros?", le preguntó David.

Gabriel rió. "Eres muy divertido, David Ponder", dijo. "*Realista*, ¿qué palabra es esta? Aquí nunca se usa".

David se detuvo. "*Está* bromeando, ¿verdad?"

"Sí", dijo Gabriel, sonriendo todavía. "Lo estoy. Pero es un hecho que los grandes líderes, los grandes triunfadores, rara vez son realistas de acuerdo con los parámetros de otras personas. De alguna manera, esta gente exitosa, considerada a menudo extraña, se abren paso en la vida pasando por alto o no escuchando expectativas y emociones negativas. En consecuencia, logran una gran cosa tras otra, sin haber prestado oídos nunca a que algo no puede hacerse. Ese es precisamente el porqué uno nunca debe decirle a una persona joven que algo no se puede hacer. ¡Es posible que Dios haya estado esperando durante siglos que una persona que no sabe que algo es imposible, precisamente lo lleve a cabo!"

La atención de David se desvió momentáneamente de Gabriel. Mientras caminaban, pasaban por el lado de más y más pasillos de ladrillos, arroz, computadoras, mecedoras, y grandes cantidades de cosas que, hasta donde podía decir David, no tenían conexión entre sí. Pero aquí había algo nuevo, un área de aproximadamente cien metros cuadrados, con un solitario y pequeño pedestal en el medio. Sobre el pedestal, lo que David vio al acercarse fue un montón de papeles que ni siquiera llegaba a medio centímetro de altura.

Había sido la luz lo que captó la atención de David. El pedestal, alejado de toda otra cosa en este lugar, también contrastaba notablemente con el suave hálito que parecía impregnar toda otra fila o estante. Una luz brillante se enfocaba vivamente sobre los papeles del pedestal. Mientras se movía lentamente por el espacio vacío, David miró hacia arriba y a su alrededor en busca de la fuente de luz. "Oiga, ¿de dónde viene la luz?", preguntó. Gabriel sólo sonrió. Al ver que no recibiría una respuesta, David se acercó más. "¿Puedo tocar esto?"

"Por supuesto", le respondió Gabriel.

Había entre cuarenta a cincuenta hojas de papel, algunas obviamente más recientes, otras amarillentas por la acción del tiempo. La primera tenía una complicada ecuación matemática, al igual que la segunda. La tercera y varias otras páginas mostraban planos multidimensionales para construir diferentes máquinas. En una rápida revisión, David vio páginas de ecuaciones químicas, algunas que casi parecían ser recetas, y una hoja de papel, amarilla y arrugada, que tenía sólo una palabra en el medio. De las clases de biología de años antes, David reconoció la palabra como el nombre latino de algún tipo de planta.

Mientras sujetaba los papeles con la mano izquierda, David se volvió hacia Gabriel y dijo: "No entiendo. ¿Qué son estas cosas?"

"Una de ellas", dijo Gabriel mientras se acercaba a David, "creo que fue la octava página que miraste, es la cura para el cáncer pancreático, del hígado y del colon".

David observó a Gabriel. Su mano, sosteniendo todavía el montón de papeles, permanecía parcialmente extendida. "¿Qué?", dijo.

"Sí", continuó Gabriel, "incluida también ahí hay una máquina que regeneraría el nervio óptico, y le permitiría ver aun a aquellos que son ciegos de nacimiento. La siguiente página tiene los planos detallados de una variante del mismo dispositivo. Este regenera la médula espinal. Tienes en tu mano curas y vacunas para la distrofia muscular, la parálisis cerebral, y créelo o no, para el catarro común. La página veintiséis tiene la respuesta para el Síndrome de la Muerte Infantil Súbita, y la página catorce, debes estar interesado en saber, contiene una fórmula líquida para aplicarla en la garganta de un niño. Sin dolor, reduce y quita las amígdalas en menos de seis horas".

David estaba aturdido. Apenas capaz de comprender la explicación de Gabriel, hojeó lentamente los papeles otra vez. "Pero yo no…", comenzó y se detuvo. "¿Se supone que lleve estas cosas?"

"No", dijo Gabriel.

En una efervescencia de ira y confusión, David farfulló: "¿Entonces cuál es el propósito? Quiero decir, ¿por qué…?" No pudo encontrar las palabras. Lágrimas de cansancio brotaron a sus ojos. Apenado y abrumado, David colocó los papeles sobre el pedestal y pasó por alto que se le quebrara la voz al decir demasiado alto: "¿Qué sucede? Todas estas cosas… estas curas… mi hija necesita que le saquen las amígdalas. ¿Sabe usted eso?"

"Sí".

Durante varios segundos, David miró al ángel con la boca abierta. Entonces hizo una mueca y las lágrimas le corrieron por el rostro mientras trataba de entender. Por último, David gritó: "¿Sabe que no puedo pagar la operación?"

"Sí".

La frustración de toda una vida parecía desbordar del alma de David en aquel preciso momento. Un grito agónico se le escapó de la garganta mientras caía en cuclillas. Con el brazo izquierdo sobre la rodilla y el puño derecho sobre el piso, David se balanceó allí y lloró amargamente. Lloró por Ellen y por Jenny. Las extrañaba. ¿Las volvería a ver alguna vez? ¿Merecía verlas otra vez? Lloró por las personas que había desilusionado en su vida, sus padres, sus amigos, sus compañeros de trabajo; y lloró por sí mismo.

Cuando pasaron algunos minutos, David se movió en el piso y se sentó con las rodillas recogidas debajo del mentón.

Más calmado ahora, trató de retomar aliento y se secó la cara con la manga de la camisa.

Gabriel no se había movido. Su rostro mostraba compasión, pero no ofreció apoyo o consuelo.

David levantó el rostro hacia el ángel y le preguntó: "¿Por qué estoy aquí?" Gabriel extendió una mano a David para ayudarlo a ponerse de pie. Tomándola, David se paró y se alisó los pantalones.

Gabriel sonrió. "¿Por qué crees que estás aquí?"

"No lo sé", dijo David mientras aspiraba ruidosamente.

"Entonces no ha llegado el momento de que lo sepas", dijo Gabriel. "Ven".

Ambos continuaron su caminata más allá del pedestal. David le echó una última mirada mientras lo perdían de vista. Al instante, notó otra vez las increíbles cantidades de una infinita variedad de cosas. Algunas eran ordinarias. Allí había cables y bombillos eléctricos. Algunas no eran tan ordinarias. "¿Qué es esto?", preguntó David, señalando hacia una pieza de maquinaria mientras pasaban.

"Ese equipo", respondió Gabriel, "realiza una prueba de colisión a cualquier objeto que se mueva. El diseño es una combinación de tecnologías de rayo láser y ondas sonoras efectiva en cualquier cosa desde automóviles hasta un jumbo jet".

David se pasó los dedos por el cabello. "Si no me dice qué es este lugar y no me dice por qué estoy aquí, entonces déjeme hacerle una pregunta diferente". Gabriel asintió. "¿Por qué están todas estas cosas aquí?"

Mientras le pasaba la mano a una de las muchas aspiradoras junto a las que caminaban, Gabriel pareció estar sumido en sus pensamientos. "¿Qué distingue a las personas, David Ponder", comenzó el ángel, "cuando se tropiezan con la desesperanza? ¿Por qué una persona se quita su propia vida mientras otra se mueve hacia algo grande?"

"Eso no responde mi pregunta", le dijo David, "pero no estoy seguro. Nunca pensé realmente en ello".

Gabriel se volvió, aún caminando, con una expresión divertida en el rostro. "Piensa en ello ahora", dijo simplemente.

David se encogió de hombros. "No sé. Tal vez sean circunstancias diferentes".

"Las circunstancias gobiernan a los débiles", dijo Gabriel, "pero son armas del sabio. ¿Debes ser doblado y derrotado por cada situación que enfrentas?" David frunció el entrecejo. Sonriendo, Gabriel insistió: "Esa es una pregunta, David Ponder. ¿Las circunstancias controlan tus emociones y lo que haces?"

"No, no lo hacen", dijo con firmeza David.

"Eso está bien", asintió Gabriel. "Las circunstancias no empujan ni halan. Son lecciones cotidianas que deben estudiarse y espigarse para alcanzar nuevo conocimiento y sabiduría. El conocimiento y la sabiduría que se aplican propiciarán un mañana más brillante. Una persona deprimida utiliza demasiado tiempo pensando en cómo son ahora las cosas y no emplea suficiente tiempo pensando en cómo quiere que sean".

David siguió caminando para pensar un minuto, entonces extendió el brazo hacia un área llena de colchones y dijo: "Así pues, ¿por qué todas esas cosas están aquí?"

Gabriel miró hacia su confundido discípulo brevemente y dijo: "Las circunstancias".

David suspiró de forma audible. Gabriel rió y dijo: "Camina por aquí, David Ponder".

David descendió tras el ángel por un pasillo lleno de teléfonos a un lado y madera en el otro. Pronto estaban de regreso en el lugar de donde había partido David, el área con las fotografías de niños. "¿Lo he visto todo?", le preguntó David.

"Has visto sólo una pequeña fracción de estas instalaciones", contestó Gabriel. "Una vida entera de recorrido no lo abarcaría todo. Y cosa triste, cada día crece más".

David se detuvo cerca del cesto de fotografías sueltas. Metiendo la mano, sacó la que Gabriel había colocado antes allí, la que tenía dos niños y que David había encontrado tan familiar. "El niño se llama Jason", dijo suavemente Gabriel. "La niña se llama Julia".

David frunció la frente. Aún mirando la foto, comentó: "Siempre me han gustado esos nombres. Mi abuelo se llamaba Jason. De hecho, si Jenny hubiera sido varón, Ellen y yo íbamos a llamar al bebé Jason. Siempre decíamos que llamaríamos Julia a nuestra segunda hija. Queríamos tener varios hijos, pero nunca pudimos permitírnoslo…" Una náusea escalofriante recorrió a David. Bajó lentamente la foto y se agarró al costado del gran cesto con su otra mano para sostenerse. Respirando profundamente, dijo: "¿Pero usted ya sabía eso, no es así?"

"Sí", respondió Gabriel.

"¿Por qué me están haciendo esto?"

Los ojos de Gabriel se entrecerraron. "Explícate con un poco de más claridad, por favor".

"¿Por qué veo esto ahora?"

"Se concede una dispensación especial a un viajero para alcanzar una mayor sabiduría y entendimiento".

"No comprendo".

"Es obvio".

David respiró profundamente. "¿Se supone que entienda algo?"

"Todo se aclarará para ti".

Volviéndose para enfrentar a Gabriel, David dijo: "¿Qué lugar es este?"

Doblando las alas sobre la espalda, Gabriel dio un paso hacia David y extendió los brazos desde sus costados como para darle la bienvenida a un huésped de honor. "Este, mi amigo, es el lugar que nunca existió".

David apenas respiraba cuando el ángel tomó la foto de sus manos. Utilizándola para hacer gestos a su alrededor, Gabriel dijo: "Este es el lugar donde conservamos todas las cosas que estaban a punto de ser entregadas justo cuando una persona dejó de trabajar y orar por ellas. El contenido de este depósito está lleno con los sueños y las metas de los menos valientes".

David estaba horrorizado. Se quedó boquiabierto, echando miradas arriba y abajo del pasillo, viendo los abrigos y zapatos, las bicicletas y mantas, y recordando el pedestal. Su vista cayó otra vez sobre la fotografía que Gabriel tenía en la mano. Extendió el brazo y le preguntó: "¿Puedo conservarla?"

"Lo siento", dijo el ángel, colocando la foto de nuevo en el cesto. "Jason y Julia no existen. El momento de su nacimiento ha pasado. Se perdió la oportunidad. No hay segundas oportunidades".

Casi inmediatamente, la mano derecha de David trató de tocar el suelo. Las rodillas se le doblaron y se agachó rápidamente sobre el piso. No confiaba en poderse mantener parado, así que se sentó allí a los pies de Gabriel. No gritó ni lloró. Ya no tenía lágrimas. Se sintió sin energías, apenas capaz de respirar.

Durante lo que pareció como una hora o más, David se sentó tratando de poner en orden sus sentidos. Gabriel estuvo sin moverse todo el tiempo. Por último, David alzó la vista y preguntó con una voz débil: "¿Qué se supone que aprenda aquí?"

Gabriel sonrió y se sentó sobre el piso al lado de David. "Debes saber", comenzó, "que en el juego de la vida, no hay nada menos importante que los logros a medias. La tragedia de la vida no es que el hombre pierda, sino que casi gana".

David sacudió la cabeza lentamente. "¿Por qué desistimos? ¿Por qué desisto? ¿Por qué aflojo? ¿Por qué le doy un rodeo a todo en mi vida?"

Gabriel respondió al instante: "Como ser humano, das rodeos y abandonas por falta de entendimiento. Desistes por falta de fe".

"¿Entendimiento de qué?"

"Por un lado, no entiendes que los rodeos constantes no acercan al hombre a la grandeza. Los rodeos no desarrollan los músculos. Los rodeos no ofrecen lecciones para la vida.

Habrá gigantes en el camino entre tú y cualquier cosa importante.

"Desistir no hace el recorrido más fácil. Tampoco lo guía a uno al destino deseado. La mayoría de los hombres desisten cuando el recorrido es escabroso. La mayoría afloja el paso cuando el camino parece traicionero. Estos son momentos en que debes sentir el peso de tu futuro sobre los hombros, la fuerza del imparable palpitar del destino pulsando en tus venas.

"Los tiempos de calamidad y pesar siempre han producido los hombres más grandes. El acero más duro sale del fuego más ardiente; la estrella más brillante hace jirones de la noche más oscura".

Durante un tiempo, David estuvo callado. Parecía sumido en profundos pensamientos. Entonces, como si le hubiera quitado el cerrojo a las palabras del ángel, dijo: "Gabriel, también usted mencionó que me faltaba fe".

"Dije que a aquellos que desisten les falta fe".

"Quiere decir...".

"Quiero decir tu raza. La raza humana. Con sólo unas pocas excepciones, les falta la fe que produce grandeza". Gabriel suspiró. "No siempre fue así. Un día la civilización de ustedes estaba viva, vibrante, era productiva y había nacido en gloria. Ahora observa a tu alrededor, son un grupo de rebeldes haciendo equilibrio al borde de la destrucción".

"¿Qué?", dijo David al no poder creer lo que oía. "¡Vivimos en la época más avanzada que nuestro planeta ha visto nunca!"

Gabriel sacudió la cabeza con tristeza. "No te acuerdas o no tienes conocimientos de tu historia. A veces cuando me siento con nuestro Padre y observo los movimientos de la civilización de ustedes mientras cambian los tiempos, me asombro de la arrogancia que veo en tu gente. En varias ocasiones, he pedido permiso para darles lecciones, pero hasta ahora la paciencia divina ha sobrepasado con mucho la mía.

"Me divierte que consideres tu civilización tan avanzada. Una vez existió sobre la tierra una cultura tan evolucionada que los hace parecer a ustedes como niños torpes. Su matemática, metalurgia, ingeniería y arquitectura fueron mucho más allá de lo que veneras hoy. Estas eran personas de grandes conocimientos, sabiduría y fe aún mayor".

"¿Por qué nunca hemos oído hablar de estas personas?", le preguntó dudoso David.

"Porque los científicos de ustedes trabajan con un parámetro de tiempo que es demasiado estrecho", dijo Gabriel. "Unos cuantos de ellos, sin embargo, han comenzado a sospechar que esta sociedad antecedió a los aztecas y los incas por más de treinta mil años según los cuentan ustedes".

"¿Qué evidencias hay de eso?"

Gabriel se rió entre dientes. "No muchas para ti en este momento. Para ser franco, estás muy alejado de esa gente en términos de capacidad y tiempo. Tu civilización llega justo ahora al punto de reconocer las escasas claves que aún quedan de su existencia".

"¿Qué claves?"

Gabriel hizo una momentánea pausa, entonces dijo: "La ingeniería de los templos cuencanos, que aún se levantan en lo que ustedes llaman Sudamérica, utilizó piedras de forma rectangular que pesaban más de cien toneladas cada una. Los constructores de Balbek en el Líbano colocaron piedras angulares tan altas como sus edificios de cinco pisos. Cada pieza pesaba más de seiscientas toneladas.

"En ambos lugares, y en muchos más debo añadir, los bloques de andesita fueron sacados y unidos tan perfectamente que nunca se consideró necesario usar cemento. Sólo para cortar la piedra con las mismas especificaciones, los ingenieros de ustedes requerirían hoy sierras con bordes de diamante guiadas por láser. Y aún así, no podrían duplicar las dimensiones.

"¿Recuerdas las estatuas de Abú Simbel en Egipto?" Tienen treinta y seis metros de alto, cuarenta y dos metros de ancho, y pesan treinta y tres toneladas. Cuando se reunió una comisión de los mejores ingenieros de tu civilización para salvarlas antes de completar la represa de Asuán, decidieron que la única forma posible de mover las estatuas era cortarlas en pequeñas secciones y reconstruirlas sobre un terreno más elevado. Pero los constructores originales sacaron la roca de una fuente a muchos kilómetros de distancia y la movieron en una pieza, sin cortarla.

"Los conocimientos de astronomía de ellos también superaban con mucho los niveles actuales. Sabían que la cúpula celestial está fija, que su sol, la luna y los planetas rotan. Sabían la circunferencia exacta de la tierra y la proyectaron en sistemas de medida alrededor del mundo. Los matemáticos e ingenieros de ustedes han visto esto ahora en edificios que han sobrevivido en la América del Sur y Europa porque incorporaron las cifras en su arquitectura. Y esas ecuaciones se calcularon perfectamente. Ustedes fueron capaces de obtener estos valores matemáticos exactos sólo después que el Sputnik voló alrededor de la tierra en el año 1957".

"La verdad no necesita pruebas, por supuesto". Gabriel sonrió. "Pero como sentías curiosidad, eso debe darte algo que considerar".

Durante un instante, David se sentó inmóvil. Era casi incapaz de comprender la enigmática historia que Gabriel le había contado. No tenía dudas, sin embargo, de que era verdad. "¿Por qué se han ido?", le preguntó al fin. "¿Por qué desapareció esa civilización?"

"Por la misma razón que la civilización de ustedes está en peligro", dijo Gabriel con cuidado. "Arrogancia, ingratitud, y pérdida de fe. Tus semejantes han llegado al precipicio del mismo acantilado en un tiempo asombrosamente corto".

"¿Hay algo que podamos hacer para volver atrás?"

"Por supuesto", dijo Gabriel. "Y eso es precisamente por lo que estás aquí". Gabriel se paró y ayudó a David a ponerse en pie. El ángel metió una mano entre los pliegues de su manto y sacó un pequeño rollo. Lo colocó a lo largo de las palmas de sus manos, lo extendió a David y dijo: "Esta decisión es la porción final de un todo. Tómala".

Mientras David tomaba el rollo en su mano, Gabriel frunció el entrecejo. "No estoy seguro del porqué fuiste escogido para este gran honor, David Ponder, pues sólo soy un mensajero". Hizo una pausa y respiró profundamente. "Eres el último viajero. No habrá otro. Se te ha dado un regalo que tiene el poder de cambiar tu civilización. Desde este momento en adelante todo será de importancia crucial para ti.

"Estudiarás una decisión a la vez, cada una de ellas durante veintiún días. La leerás en voz alta dos veces al día durante ese tiempo. Primero al despertarte, y otra vez como lo último que hagas antes de dormir. No debes perder un día. Cada decisión se convertirá en parte de tu ser, enterrada en tu corazón, capturada en tu alma.

"Compartirás el regalo de las decisiones con otros. Aquellos que absorban y apliquen esta sabiduría llegarán a la grandeza e inspirarán a otros alcanzar cumbres semejantes. Es posible que aquellos que pasen por alto el poder de estos rollos parezcan prosperar por un tiempo, pero no te dejes engañar. Sus vidas serán sólo una breve ilusión, y cuando se les acabe el tiempo, serán encadenados al Espejo de los Remordimientos. Allí pasarán la eternidad examinando una imagen de la persona que pudieron haber sido".

Gabriel colocó sus manos sobre ambos lados de la cara de David. "Tienes todo lo que necesitas, David Ponder. Sabes que no estás solo. Estás siendo guiado. Nunca habrá una razón para que pierdas la fe. El futuro, según lo escojas, es tuyo. Pero ten en consideración que el *tuyo* es un futuro de tu elección. Nuestro Creador te ha concedido el gran poder de la sabiduría contenida en las Siete Decisiones. Pero nuestro Creador también te concede libre albedrío. Si decides no integrar esta sabiduría en tu vida, si decides pasar por alto este poder, el futuro se perderá para siempre".

David tomó las dos manos de Gabriel entre las suyas y dijo "Gracias. Sacaré un enorme provecho de este regalo".

Gabriel sonrió y se alejó, caminando por el centro del pasillo. "Sí, David Ponder", dijo. "Creo que lo harás". Con eso, extendió lentamente las alas sobre su cabeza. Levantando los brazos, las tendió suavemente hacia los lados. Al instante, en una ruidosa ráfaga de viento, salió volando y se fue. David miró con rapidez hacia el pasillo y hacia arriba, pero todavía no podía ver un techo... ni tampoco ninguna señal del ángel.

Durante un momento, David se quedó allí parado, mirando y pensando. Entonces comenzó a caminar despacio con un fin determinado. Al entrar al área del pedestal, David echó un vistazo de nuevo a su alrededor, como para memorizar este lugar y lo que significaba. Entonces se dejó caer lentamente al suelo donde había sentido tanto dolor sólo breves momentos antes. Desenvolvió el rollo de Gabriel y leyó.

LA SÉPTIMA DECISIÓN PARA TENER ÉXITO

Perseveraré sin hacer excepciones.

Con la certeza de que ya he hecho cambios en mi vida que perdurarán para siempre, hoy coloco la pieza final del rompecabezas. Poseo el mayor poder jamás dispensado a la humanidad, el poder de elegir. Hoy, elijo perseverar sin hacer excepciones. Nunca más viviré en medio de la distracción, con mi atención yendo de aquí para allá como una hoja en una tormenta. Sé el resultado que deseo. Me aferro a mis sueños. Mantengo el curso. No desisto.

Perseveraré sin hacer excepciones. Continuaré a pesar de estar exhausto.

Reconozco que la mayoría de la gente desiste cuando se siente extenuada. No soy como "la mayoría de la gente". Soy más fuerte que la mayoría de la gente. La gente promedio acepta la extenuación como algo natural. Yo no lo hago. La gente promedio se compara a sí misma con otra gente. Por eso son personas promedio. Me comparo a mí mismo con mi potencial. No soy promedio. Veo a la extenuación como una precursora de la victoria.

¿Cuánto tiempo debe intentar caminar un niño hasta que en realidad lo logra? ¿No tengo yo más fuerzas que un niño? ¿Más entendimiento? ¿Más deseos? ¿Cuánto tiempo debo trabajar para tener éxito antes de lograrlo? Un niño nunca haría la pregunta, pues la respuesta no importa. Al perseverar sin hacer excepciones, mis resultados, mi éxito, están asegurados.

Perseveraré sin hacer excepciones. Me concentro en los resultados.

Para alcanzar los resultados que quiero, no hace falta siquiera que disfrute el proceso. Lo único importante es que *continúe* el proceso con los ojos puestos en el resultado. Un atleta no disfruta el dolor del entrenamiento; un atleta disfruta los resultados de haberse entrenado. Se empuja del nido a un joven halcón, que siente temor de rodar por el precipicio. El dolor de aprender a volar no puede ser una experiencia gozosa, pero la angustia de aprender a volar se olvida rápidamente cuando el halcón surca los cielos.

Un marinero que observa lleno de temor al mar tormentoso azotar su navío siempre adoptará un curso improductivo. Pero un capitán sabio y experimentado mantiene la vista fija sobre el faro. Sabe que al guiar su barco directamente a un punto específico, disminuye el tiempo empleado en molestias. Y manteniendo la vista en la luz, no hay nunca un segundo de desaliento. ¡Mi luz, mi puerto, mi futuro está a la vista!

Perseveraré sin hacer excepciones. Soy una persona de mucha fe.

En Jeremías, mi Creador declara: "Porque yo sé muy bien los planes que tengo para ustedes, planes de bienestar y no de calamidad, a fin de darles un futuro y una esperanza". De este día en adelante, declararé fe en la certidumbre de mi futuro. Demasiado de mi vida ha sido malgastado dudando de mis creencias y creyendo en mis dudas. ¡Se acabó! Tengo fe en mi futuro. No miro ni a la derecha ni a la izquierda. Miro hacia delante. Sólo puedo perseverar.

Para mí, la fe siempre será una guía más sólida que la razón porque la razón sólo puede ir hasta cierto punto; la fe no tiene límites. Aguardaré que se produzcan milagros en mi vida porque la fe los produce todos los días. Creeré en el futuro que no veo. Eso es fe. Y la recompensa de esta fe es ver el futuro en que he creído.

Perseveraré a pesar de sentirme extenuado. Me concentraré en los resultados. Soy una persona de mucha fe.

Perseveraré sin hacer excepciones.

DIEZ

DAVID RESPIRÓ PROFUNDAMENTE Y EXHALÓ CON FUERZA. Cuidadosamente, envolvió el rollo de forma compacta. Entonces, de pie, extrajo la bolsa de tabaco del abultado bolsillo del pantalón vaquero. Hizo una momentánea pausa y deslizó los dedos a lo largo del material del obsequio que de improviso le hizo Chamberlain.

Tocó los dos botones dorados que mantenían cerrada la bolsa y se maravilló de la destreza de quien le había dado forma a un águila en cada uno. Con la uña de su dedo índice, David delineó el bordado de las dos espadas cruzadas sobre la solapa. *El símbolo de un guerrero*, pensó. *Eso es lo que soy. No soy alguien que abandona. Soy un luchador*. David sonrió: "Perseveraré sin hacer excepciones", dijo en voz alta.

Rápidamente, desabrochó los botones y deslizó el pequeño rollo de Gabriel dentro de la bolsa. Lo colocó junto a las palabras de un rey y bajo el rollo de un explorador. De un vistazo, David contempló los frágiles papeles blancos doblados de dos presidentes, que estaban juntos como si hubieran sido cuidadosamente archivados en la parte de atrás de la bolsa, al lado del raído pedazo de papel escrito por la mano de un guerrero. Encima de todo, notó David al comprimir el contenido y cerrar la bolsa, se encontraban las cuatro pequeñas páginas arrancadas del diario de una pequeña niña.

"Gracias", murmuró mientras reintegraba la bolsa a su bolsillo. Estaba abrumado pensando en la gente que había conocido. Entonces David se detuvo. Consciente de un panorama más amplio, cerró los ojos, inclinó la cabeza, y dijo otra vez la misma palabra. "Gracias".

Al abrir los ojos, David se encontró de pie en un amplio estacionamiento. Sonrió y casi se ríe en alta voz por su *falta* de asombro. No sabía dónde se hallaba todavía pero sentía curiosidad al notar que no estaba asustado o aun inseguro de sí mismo. Mirando a su alrededor, se preguntó inútilmente si alguna cosa lo asustaría de nuevo.

Hacía mucho frío y era de noche, aunque una amplia iluminación hacía brillar el área como si fuera mediodía. El estacionamiento, lleno de automóviles, había sido construido en torno a un masivo estadio de acero y cristal que se levantaba a varios cientos de metros de distancia. David, al sentirse extrañamente atraído al edificio, caminó hacia él.

Mientras se abría paso entre los automóviles y los árboles que adornaban el estacionamiento, David sintió que su corazón daba un vuelco cuando se dio cuenta dónde estaba. A su izquierda, elevándose casi directamente sobre el edificio hacia el que caminaba, estaba la Torre de la Reunión. En la línea del horizonte detrás de ella, David vio el Edificio Magnolia con su símbolo comercial del corcel volador rojo en la cima.

A la derecha, por encima de todos los demás estaba el Alegre Gigante Verde. Ese es el nombre, recordó, que Jenny le había puesto a este edificio una semana después que instalaron las luces verdes de argón a todo su alrededor. La estructura, el rascacielos del Banco Nacional, durante años había sido el edificio más alto de Dallas. David estaba en un ambiente conocido.

He regresado, pensó David mientras apuraba sus pasos. Pero algo no le parecía bien. Al seguir caminando hacia el estadio, David miró de nuevo al Alegre Gigante Verde. Allí, a no más de unas quince cuadras detrás él y un poco hacia el este, había otro rascacielos todavía más alto que David no reconoció. Era una bella torre de granito blanco que tenía luces desde el suelo hasta la cima.

David se detuvo y se dio vuelta con lentitud. Examinó la línea del horizonte hacia el norte, luego hacia el este, el sur y el oeste. Había también otros edificios nuevos. Frunciendo el entrecejo, David se puso la mano sobre los labios y pensó: *¿Qué? ¿Ha crecido Dallas de la noche a la mañana?* Mientras caminaba hacia el automóvil que estaba enfrente de él, David entrecerró los ojos. Era un Jaguar convertible rojo pero de formas distintas a ningún Jaguar que hubiera visto antes. Al lado del Jaguar había un camión Ford de color vino, al lado de este había un Lincoln blanco.

Todos ellos eran de cierta forma diferentes, ¿quizás más brillantes? ¿Un nuevo tipo de pintura?

De nuevo se dio vuelta y contó esta vez nueve edificios que él estaba seguro que no se hallaban allí cuando… David inclinó la cabeza, levantó las cejas y sonrió. Miró de nuevo hacia el Jaguar y se rió en voz alta. "Ahora me doy cuenta", le dijo al vehículo. "Eres por lo menos diez, quizás veinte años más reciente que cualquier cosa que haya visto".

"Estoy en el futuro", se dijo a sí mismo David y comenzó a caminar otra vez hacia el estadio. "Estoy en el futuro". Exhaló un profundo suspiro y sacudió la cabeza. "Esto debe ser realmente interesante".

Al acercarse a la masiva edificación, David caminó al lado de una hilera de automóviles de alquiler y se subió a una amplia acera. Había unas cuantas personas, bien vestidas y evidentemente algo atrasadas, caminando apresuradamente hacia el edificio. David dio vueltas durante algunos minutos, y vio la misma escena en todas las entradas. Buscó en sus bolsillos, sabiendo que no tenía dinero, pero pensando que a lo mejor aparecía de forma mágica un boleto de entrada. *Han ocurrido cosas extrañas*, pensó con ironía.

Está bien, pensó David mientras se paraba levantando la vista hacia el estadio, *no tengo entrada, no tengo dinero, estoy muriéndome de frío, ¿qué hago ahora?* Pensando que a lo mejor habían dejado una entrada a su nombre, David se acercó a la taquilla a la derecha de la entrada más cercana y le habló a la mujer que estaba detrás del vidrio. "Perdóneme", dijo.

La mujer vestía un suéter verde oscuro que hacía resaltar su cabello rojo. La dama tenía, determinó David, algo más de cincuenta años. Por el momento, contaba rápidamente los talones de las entradas, con bifocales que le colgaban precariamente de la punta de la nariz. Cuando hizo una pausa para pulsar algunos números sobre su calculadora, David trató de nuevo. "Perdóneme, señora…". Ella levantó la vista. Al abrir la boca para hablar, David se dio cuenta que ella le sonreía al hombre que se había puesto detrás de él.

"¿Puedo ayudarlo?", le preguntó la dama de las entradas al individuo mientras David se movía hacia un lado. Al observar interactuar a ambos, pensó: *De manera que tampoco pueden verme en el futuro.*

David caminó lentamente otra vez alrededor del estadio. Varias veces, escuchó provenientes del interior estruendosas ovaciones de lo que era obviamente una gran cantidad de gente. Se detuvo un momento, al abrirse frente a él, a pocos metros, una pequeña entrada lateral sin señales y oscura.

Un pequeño hombre enjuto emergió a la tenue luz. Obviamente un conserje, vestía uniforme de trabajo y llevaba un cepillo de limpiar pisos. Luego de colocar el cepillo contra la pared de concreto del edificio, el hombre sacudió una gorra de las que se usan para esquiar, se la puso en la cabeza, y se metió la mano en el bolsillo en busca de una pipa. A la luz del fósforo, David pudo ver la cara del hombre. *Es anciano*, pensó.

No estaba conscientemente interesado en la edad del hombre. Era un simple reconocimiento mental de lo que sus ojos captaban. David comenzó a caminar de nuevo en una dirección que lo llevó a unos pocos pasos del conserje. El hombre alzó la vista cuando David se acercó y, levantando la pipa, saludó con la cabeza.

"Buenas noches", dijo. "¿Cómo está?"

"Bien, gracias", respondió automáticamente David. Entonces, súbitamente emocionado, se detuvo. "¡Oiga! ¿Puede usted verme?"

"Ah, sí. Puedo verlo", dijo el hombre, algo confundido. Se puso la pipa de nuevo en la boca. "Todavía no estoy ciego, hijo. Sólo porque me haya puesto…". David se había acercado más y, por primera vez, el hombre veía bien el rostro de David. "¡Santo Dios!", dijo. La pipa, sin la presión de los dientes del hombre, se le cayó de la boca y sonó en la acera. Rápidamente David se agachó y la levantó.

"No sabía que era usted…", balbuceó el hombre. "Lo siento mucho, señor. Muchas gracias", dijo el hombre mientras tomaba la pipa y se la metía inmediatamente en el bolsillo. David se preguntó por un momento si estaba todavía encendida pero no dijo nada. Sentía demasiada curiosidad por la forma en que se conducía el anciano caballero. "Señor", dijo el anciano, "si no le importa que pregunte, ¿está aquí solamente para chequearlo todo? Hay muchísimas personas ahí esta noche que le están enormemente agradecidas, señor. ¡Mi esposa no va a creer esto! ¿Puedo darle la mano, señor Ponder? Me llamo Jack Miller".

Dándole la mano, David le preguntó: "¿Sabe quién soy yo?"

"No se preocupe", le dijo Jack en tono conspirativo mientras miraba a derecha e izquierda. "Comprendo… no se lo diré a nadie. ¡También querría colarme aquí y ver esto también si todos hablaran de mí! ¡Sabe?, al principio ni siquiera lo reconocí. Con el cabello teñido así, parece una de sus antiguas fotografías. Escuche", súbitamente preocupado hizo una pausa, "¿debería estar dando vueltas solo de esta manera?"

David sonrió levemente con las cejas levantadas. Estaba tratando de asimilar todo esto. "Estaré bien", dijo. "Por cierto, ¿le importaría si entrara por esta puerta?"

Jack sonrió. "Bien, supongo que si usted construyó este lugar, puede entrar por la puerta que quiera. Sígame". Y con eso, el anciano se metió la gorra de nuevo en el bolsillo, entró y con un movimiento de la mano, instó a David a mantenerse cerca.

Caminaron por un pasillo corto y llegaron a un largo túnel subterráneo que parecía darle la vuelta al estadio. David trataba de comprender el hecho de que de alguna manera él había tenido o *tendría* algo que ver con la presencia de este enorme lugar. Al avanzar a través del túnel, Jack saludó con la mano a diferentes grupos de trabajadores. Estos lo saludaban o mencionaban su nombre a forma de saludo. "Su manera de vestirse está dando resultado. ¡Nadie ni siquiera lo reconoce!"

Bien, pensó David mientras se esforzaba por contener la risa, *no me reconocen porque no pueden verme. Usted, por otra parte, caminando solo, saludando a todo el mundo y hablando consigo mismo, ¡no puede pasar inadvertido!*

"Oiga", dijo Jack mientras se detenía. "Ni siquiera le pregunté. ¿Adónde quiere ir?" ¿Lo llevo a su palco personal?"

David sacudió la cabeza. Esto era demasiado. "Me gustaría dar una pequeña vuelta yo solo. ¿Está bien?"

Jack miró a David como si este se hubiera vuelto loco. "¿Está seguro?", dijo. "Puedo acompañarlo si usted quiere".

"No, eso no es necesario. Pero aprecio mucho su ofrecimiento. Y por cierto", añadió David mientras extendía la mano, "ha sido un gran honor conocerlo".

"¡Ah!", dijo Jack mientras sacudía con fuerza la mano de David. "Un honor conocerme. Deje que se lo cuente a mi esposa".

David dejó al anciano y siguió caminando por el túnel. De inmediato, llegó a una rampa de acceso que, observó, conducía a la arena principal. Al entrar al piso principal, David se quedó asombrado por la enorme cantidad de gente. Había asumido, por el tamaño del edificio, que la capacidad del lugar era muy grande, pero por alguna razón nunca se había en realidad imaginado que el lugar estaría repleto. Calculó unas cuatro mil personas sólo en el piso de abajo.

Alejándose de la sombra de la rampa de entrada, David se volvió con lentitud. Rápidamente notó las gigantescas pantallas de video que colgaban del techo. Estas se usaban para acercar una gran audiencia a la acción en cualquier evento. Desde su ventajoso punto de observación, David pudo ver que verdaderamente se necesitaban aquí. Había tres plateas enteras que rodeaban completamente el piso principal, con todos los asientos ocupados. *¿Un total de veinte mil personas?*, pensó David. *¿Tal vez treinta mil?*

David había escuchado vítores y aplausos varias veces desde el exterior del estadio, y dos veces desde el túnel. El ruido adentro, lo sabía, sería ensordecedor. En ese momento, sin embargo, estaba asombrado por el virtual silencio que reinaba en el lugar. No había nadie dando vueltas o moviéndose siquiera en los asientos. Nadie tosía ni se aclaraba la garganta. Cada persona en el estadio tenía concentrada toda su atención en el escenario.

El escenario, considerando la enormidad de su entorno, era bastante simple. Estaba elegantemente decorado con follaje verde y seis blancas columnas de estilo romano que se elevaban desde el piso hasta una altura de aproximadamente seis metros. El escenario no estaba situado al final de la arena como se podría esperar, sino que estaba en la parte más ancha del piso junto a la primera plataforma de asientos. El fondo de la plataforma estaba abierto como para no obstruir la vista desde ningún ángulo. El efecto era como el de un teatro redondo.

No obstante, era sólo el subconsciente de David el que notaba todas las cosas relativas al escenario. Su atención estaba en el centro de la plataforma, tras el podio de cristal. Como los ojos de otros miles en la audiencia, los de David estaban fijos en el hombre que hablaba.

Aunque parado en el lado opuesto de la arena, David estaba casi de frente al escenario y lo suficientemente cerca como para ver que el orador era un hombre alto. Mediría casi un metro noventa centímetros y era delgado. Vestía un caro traje gris claro de solapa cruzada. El hombre parecía tener unos cuarenta y cinco años y era bien parecido, impresionante en cierto sentido, su cabello oscuro contrastaba vivamente con su traje. Y estaba llorando.

David observó intensamente al hombre, entonces echó un vistazo a una pantalla cercana para confirmar de cerca lo que pensó que veía. Estaba seguro, las lágrimas rodaban por el rostro de este hombre cuando dijo: "Hace sólo seis años. Se nos había acabado el dinero y la esperanza. Con mi hija de nueve años recluida en el hospital en condición crítica, trabajaba aún veinte horas diarias, pero financieramente, no era suficiente. No teníamos seguro de cobertura médica y aparentemente ninguna ayuda.

"Mientras manejaba mi viejo automóvil hacia casa desde el trabajo ese día, no podía dejar de mirar la foto de mi pequeña niña que tenía sobre el asiento de al lado. Era una fotografía de ella cuando estaba en tercer grado. Comencé a dejar que la mente me diera vueltas en cuanto a las posibilidades de ayudar a mi familia a cobrar el único seguro que quedaba, mi seguro de vida".

David apenas respiraba mientras escuchaba, transfigurado, la historia de este hombre que era tan misteriosamente similar a la suya.

"Sin dinero para pagar las cuentas y empezar de nuevo", dijo, con las comisuras de la boca temblorosas y la voz resquebrajada, "pensé que quizás algún día mi esposa podría casarse de nuevo y que mi hija tendría un nuevo papá. Uno que no las abandonara. Pensé que quizás aún podría darle a mi familia la vida que merecían.

"Me estacioné a un lado del camino, y mientras estaba allí solo y pensativo, tomé la fotografía de mi hija y la sostuve en las manos. Me podía imaginar los tubos que entraban y salían de su cuerpo. Cerré los ojos y pude escuchar el respirador llevándole el aire a los pulmones. Y de pronto, ¡me sentí avergonzado!

"Me sentí avergonzado por haber pensado en dejarla, por pensar en desistir. Sí, me sentí avergonzado. Pero también me sentí de nuevo fuerte porque sabía que este era un momento de mi vida en el que verdaderamente se aplicaba la Primera Decisión. Miré a mi hija, mi sangre, mi responsabilidad, en esa foto, y dije: 'Asumo la responsabilidad por mi pasado. Si puedo luchar con tanta fuerza por mi vida, entonces también puedo luchar con esa fuerza por tu futuro'".

David había quedado tan desconcertado por la referencia a las Siete Decisiones y tan cautivado por lo que brotaba del corazón de ese hombre que se asustó con la súbita y estruendosa ovación. La gente en toda la arena se levantó y aplaudió, celebrando la sinceridad y el valor de ese hombre mientras él estaba ahí parado, esperando incómodo, con lágrimas que le corrían por el rostro, que ellos terminaran.

Cuando los aplausos se apagaron y la audiencia volvió a sus asientos, David vio una solitaria silla vacía en el pasillo, a menos de quince filas del escenario. Caminó rápidamente, ocupó el asiento y volvió a alzar la vista al podio mientras el orador continuaba.

"En realidad era una decisión sencilla. Una decisión tomada en circunstancias muy difíciles. Pero ahora, por supuesto, nuestras vidas se han transformado, financiera, emocional y espiritualmente; se han transformado de varias maneras. Mi familia ha sido liberada. Ven ustedes, no era suficiente que poseyera las Siete Decisiones para Tener Éxito o aun que comprendiera su significado. El momento en que decidí hacerlas parte de mi vida fue el momento en que el futuro de mi familia estuvo asegurado por generaciones".

El hombre hizo una pausa para tomar agua. Se enjugó las lágrimas con un pañuelo y se movió a un lado del podio. Mientras su codo izquierdo descansaba sobre su superficie, hizo un gesto con la mano derecha y dijo: "Piensen conmigo ahora. Es cierto que la mayoría tenemos una visión más bien limitada del mundo, su historia y de nuestra capacidad para determinar el resultado de nada más allá de nuestros barrios. En términos de la historia personal y de nuestro legado, tendemos a limitar nuestras preocupaciones a sólo tres —algunos de nosotros cuatro— generaciones. ¡La inmensa mayoría de nosotros ni siquiera sabe los nombres de pila de nuestros bisabuelos!

"Hace ya algunos años, pero bien dentro de las dimensiones de nuestra propia generación, David Ponder concedió al mundo el regalo de la *posibilidad* de que cualquier persona puede tener éxito. Nuestra presencia aquí esta noche es evidencia del fruto de ese regalo. Pero estoy aquí para desafiarlos a asir el futuro que está mucho más allá de los pensamientos y acciones de ustedes en este momento.

"Llega un momento en la vida de toda persona cuando se requiere una decisión. Y esa decisión, de tomarla, tendrá un efecto de largo alcance sobre las generaciones que aún no han nacido. Hay un hilo muy fino que sale de usted y se entreteje en cientos de miles de vidas. Su ejemplo, sus acciones, y aciertos, aun una sola decisión puede cambiar el mundo. Déjenme repetirlo una vez más. Una decisión que usted tome puede cambiar literalmente el mundo".

Curiosamente, el orador mantuvo contacto visual con la audiencia durante varios segundos tras su última afirmación. Entonces regresó detrás del podio y tomó otra vez de su vaso. Al colocar de nuevo el vaso bajo el podio, miró a la multitud con una risita. "Saben", comenzó, "¡es una sensación asombrosa que miles de personas duden de uno al mismo tiempo!" Sonrió mientras la multitud reaccionaba con una cálida risa. "¡Está bien, voy a intentarlo de nuevo! ¡Una decisión que usted tome puede cambiar literalmente el mundo!"

Y con eso, el hombre se movió hasta el borde del escenario y comenzó a contar animadamente una historia. David estaba hechizado mientras el orador se movía sobre cada centímetro de la plataforma, hablándole a la audiencia frente a él, detrás de él y aquellos que estaban en lo más alto de la arena. La historia que contó, aunque había ocurrido hacía más de un siglo, era absolutamente exacta en sus detalles. David supo que esto era cierto porque él había estado allí.

"Dos de julio de 1863. Era un día húmedo y caluroso, y un maestro de Maine estaba en el combate de su vida.

"Su nombre era Joshua Lawrence Chamberlain, había sido profesor de retórica del Bowdoin College, actualmente un coronel de treinta y cuatro años del ejército de la Unión. ¿El lugar? Gettysburg, Pensilvania".

El orador describió entonces la peligrosa situación que enfrentaban las tropas de Chamberlain ese día mientras trataban de mantener sus posiciones contra los hombres del general Lee, el Ejército de Virginia del Norte. Tras cinco sangrientos ataques de los Confederados, Chamberlain se dio cuenta de que sus tropas no serían capaces de resistirlos por mucho más tiempo.

El orador explicó: "Más de la mitad de su regimiento había muerto y muchos de los soldados restantes estaban heridos. Lo superaban por cinco a uno al menos y la última escaramuza había tenido lugar a ambos lados del muro, cara a cara. No sabía cómo habían rechazado a los Confederados y los habían hecho ir colina abajo. Algunos de sus hombres, escribió más tarde, habían estado golpeando al enemigo con sus puños.

"Cuando examinaron rápidamente la situación, se descubrió que les quedaban menos de dos balas por hombre. Prácticamente, el Veinte de Maine se había quedado sin municiones. Al mirar colina abajo y ver a los atacantes prepararse para el asalto final, al contemplar lo que parecía una derrota segura, una muerte segura, los propios oficiales de Chamberlain aconsejaron la retirada. 'Nos superan en número', clamaron los hombres, 'y no tenemos nada con que pelear. No hay remedio. No hay remedio'.

"Joshua Chamberlain se paró callado por un momento. 'Aquí vienen, señor', dijo con urgencia un sargento. Chamberlain no respondió. Calculaba el costo de quedarse inmóvil, quieto, de mantenerse donde estaba. El costo, decidió, sería en esencia el mismo que el de huir.

"'¡Joshua!' Era su primer teniente, su hermano Tom. 'Joshua', gritó. '¡Da una orden!'

"Y él lo hizo. Chamberlain sabía que no había venido a esta tierra para fracasar. Pero el fracaso es el único resultado posible en una vida que acepta el statu quo. ¡Avanzamos o morimos! '¡Armen las bayonetas!', gritó. Y sus hombres lo miraron como si estuviera loco.

"¿Qué dijo, señor?", preguntó el sargento, y por un momento, todos se quedaron parados allí, mirándolo fijamente.

"¡Allí vienen!", llegó un grito de abajo de la línea.

"'¡Armen las bayonetas, les dije!', gritó. '¡Y a la carga!' Mientras los hombres se apresuraban a armar sus bayonetas, Chamberlain levantó su espada y saltó encima del muro. Con el enemigo ahora a unos cincuenta metros de distancia, apuntó su espada hacia ellos y gritó: '¡A la carga! ¡A la carga!' y los combatientes del Vigésimo Regimiento de Maine, el orgullo del ejército del Potomac, ¡se lanzaron sobre el muro y siguieron a un maestro de escuela hacia la historia!

"Las tropas confederadas, al ver al líder de la oposición subido al muro, se detuvieron de inmediato, inseguras de lo que estaba pasando. Pero cuando Chamberlain apuntó con su espada hacia ellos y mandó a sus hombres a la carga, literalmente se volvieron de espaldas y corrieron. Muchos dejaron caer sus armas cargadas. Estaban seguros de que estos no eran los mismos soldados que habían estado enfrentando. Indudablemente, habían recibido refuerzos masivos. En sus mentes, *ni siquiera cabía en el ámbito de la posibilidad* que un regimiento derrotado se lanzara a la carga.

"En menos de diez minutos, el raído grupo de hombres bajo la jefatura de Chamberlain, sin munición alguna a esa altura, capturaron los regimientos del Quince de Alabama y el Cuarenta y siete de Alabama, más de cuatrocientos hombres. Por supuesto, todo sucedió porque un hombre tomó la decisión de lanzarse a la carga.

"Una decisión que *usted* tome puede cambiar literalmente el mundo".

La audiencia se levantó de sus asientos estrepitosamente, David con ellos, aplaudiendo y dando vítores a la verdad, tal cual ellos la veían, de la última afirmación del orador. *La historia de Joshua Chamberlain los ha inspirado y eso está bien*, pensó David. *Era* un acontecimiento increíble de nuestra historia nacional, y como bien lo sabía, el orador había sido exacto en sus detalles.

Cuando se apagaron los aplausos, David se dio cuenta que el alto orador estaba aún en el escenario. De hecho, había cruzado los brazos y apoyado ambos codos pesadamente sobre el podio. Con una leve sonrisa en el rostro, parecía aguardar con paciencia. Cuando la última persona estuvo sentada, y el silencio reinaba de nuevo en la arena, su sonrisa se hizo más amplia. "Ustedes pensaron que había terminado, ¿no es cierto?"

David rió con todos los demás.

"Bien, fíjense en esto", comenzó de nuevo: "No podía dejarlos pensando lo que están pensando. Y ahora", dijo riendo, "¡yo sé lo que ustedes están pensando!" Se desplazó hacia el otro borde del escenario. "Ustedes piensan: *Está bien. Esa fue una historia muy buena, ¿pero usted me dice que puedo cambiar el mundo? ¡Vamos!* Usted dice, '¡Oigan! Aún Joshua Chamberlain cambió el resultado de sólo una pequeña parte de una batalla.' ¿Ah, de verdad? Bien, consideren esto.

"Se acepta el hecho de que, en el momento de la batalla de Gettysburg, el norte, la Unión, perdía irremediablemente. Las tropas Confederadas habían tomado el Fuerte Sumter, entonces derrotaron a la Unión en Manassas. Los hombres de Lee obtuvieron grandes victorias en Richmond en las Batallas de los Siete Días y otra vez en Manassas en la Segunda Batalla de Bull Run. El Sur derrotó las divisiones del general Hooker en Chancellorsville y le propinaron un golpe demoledor al general Burnside en Fredericksburg.

"Si el Sur hubiera salido victorioso en Gettysburg, los historiadores están de acuerdo en que el conflicto habría terminado para fines del verano. Los Estados Confederados de América estaban a una victoria de ganar la guerra. Pero no ganaron.

"Al maestro de escuela de Maine se le concedió la Medalla de Honor del Congreso por su decisión en Little Round Top. Sus oficiales al mando determinaron que las acciones de este hombre salvaron de la destrucción al ejército de la Unión; este hombre cambió el curso de la batalla. Joshua Lawrence Chamberlain cambió el curso de la guerra.

"¿Comprenden ustedes lo que esto significa? Si el sur hubiera ganado la guerra, no habría unos Estados Unidos como los conocemos ahora. Habría por lo menos dos, o tal vez tres países que existirían en nuestro lugar. El mundo no tendría un país lo suficientemente grande y lo suficientemente fuerte como para alimentar a otras naciones de este planeta. No habría una superpotencia para defender a sociedades más débiles contra aquellos que limitaran su libertad. Pero debido a que un hombre común y corriente tomó la decisión de avanzar, este mundo en que vivimos hoy es un mundo muy diferente.

"Cuando Hitler barrió con Europa, cuando Hirohito invadió sistemáticamente las islas del Pacífico, cuando Sadam Hussein arrolló a Kuwait con sus tropas, existían unos Estados Unidos de América para interponerse. Y estábamos allí debido a un hombre que tenía la espalda contra la pared. Un hombre que, ese cálido día de julio, sentía temor por su propia vida. Un hombre cuya sola opción parecía retirarse. Señoras y señores, el mundo tal como hoy existe es en gran medida resultado de una decisión de ir a la carga, ¡una decisión tomada por un maestro de escuela hace más de cien años!

"¡No piense *nunca* que usted no puede cambiar las cosas! ¡Usted puede! ¡Usted puede! ¡Una decisión que *usted* tome puede cambiar el mundo!"

Una vez más la arena entera estaba en pie. David estaba aturdido. Mientras aplaudía, no podía abarcar la increíble cadena de eventos que se había desatado por un hombre. *¿Qué le había pasado a Chamberlain?*, se preguntó. Cuando la audiencia hizo silencio y se acomodó, el orador continuó y David lo supo.

"Es un hecho que la gente sigue a un hombre que simplemente dice: 'Sígueme'. Al asumir el liderazgo, irónicamente, una persona *merece* el liderazgo. Cuando usted guía a otros al éxito y a la vida que sueñan, la vida que usted busca y merece le será revelada.

"Joshua Chamberlain tomó una decisión que cambió nuestro mundo, sí, pero su decisión también trajo recompensas personales. Él dirigió exitosas campañas hasta el fin de la guerra. Fue reconocido en cuatro ocasiones distintas por nuestro gobierno como ejemplo de valentía en el combate, y fue promovido a brigadier general por su heroísmo en Gettysburg, esto mediante una orden especial de Ulysses S. Grant. Entonces, sólo unos meses después, por su heroísmo en Five Forks, fue promovido a mayor general.

"Entre todos los oficiales de la Unión, el presidente Abraham Lincoln escogió a Chamberlain para tener el honor de aceptar la rendición de los Confederados en Appomattox. Allí, este asombró al mundo con una demostración de perdón y respeto al ordenar que sus tropas se pusieran en atención, en saludo al general Robert E. Lee y al derrotado sur.

"De regreso a su hogar, en Maine, Chamberlain fue elegido gobernador por lo que es, hasta hoy, la más amplia mayoría en la historia del estado. Fue reelecto tres veces hasta que, por último, renunció y aceptó un papel de liderazgo en su alma mater, como presidente del Bowdoin College.

"Incidentalmente, un beneficio interesante de la decisión de una persona de ir a la carga, algo que ha sido hasta cierto punto subestimado por los eruditos e historiadores, es la presencia de una cerca de espinas. Mencionada primero en la Biblia, una cerca de espinas es la protección divina colocada sobre una persona que está destinada a hacer una diferencia. Hasta que usted haya logrado lo que se le envió a hacer aquí, no será —no podrá ser— herido. Joshua Chamberlain, sobre esa colina en Pensilvania, antes de tomar su decisión de ir a la carga y con todas sus victorias por delante, estaba cubierto por la protección de una cerca de espinas".

El orador de cabello oscuro metió la mano en el bolsillo interior de su saco y sacó un pequeño pedazo de papel. Levantándolo para que todo el mundo lo viera, dijo: "Tengo aquí una copia de una carta dirigida al honorable Gobernador Joshua L. Chamberlain. Llegó a la mansión estatal varios años después de la guerra". Desdobló la página, la alisó sobre el podio y leyó.

"Querido Gobernador Chamberlain: Quiero contarle un breve episodio de la Batalla de Round Top, en Gettysburg, relacionado con usted y conmigo, del que ahora me alegro. Dos veces en ese combate tuve su vida en mis manos. Encontré un lugar seguro entre dos piedras y apunté directamente a usted. Usted estaba parado al descubierto detrás del centro de su línea, completamente expuesto. Supe su rango por sus acciones y uniforme y pensé que sería muy bueno sacarlo de en medio. Descansé mi fusil sobre la piedra para tomar mejor puntería. Comencé a tirar del gatillo, pero una extraña idea me detuvo. Entonces me avergoncé de mi debilidad y repetí los mismos movimientos. Lo tenía perfectamente centrado. Pero la misma extraña sensación se apoderó de mí. No podía tirar del gatillo, y, renuncié, es decir a quitarle la vida. Ahora me alegro de ello y espero que usted también. Atentamente, Un miembro del Quince de Alabama".

Poco a poco, el orador dobló de nuevo el papel mientras un estremecimiento recorría la audiencia. Se lo metió otra vez en el bolsillo del saco y se movió al borde del escenario. David sintió que lo miraba directamente mientras decía suavemente: "Usted también, en este mismo momento, vive bajo la protección de una cerca de espinas. Tal vez sienta temor, pero es una ilusión. Hasta que haya logrado lo que se le envió a hacer en la tierra, no será —no podrá ser— herido".

Entonces levantó sus brazos en un amplio gesto dirigido a la multitud. "Mis amigos, todo se resume en esto. Su historia, sus circunstancias, sus oportunidades tal vez no sean tan dramáticas como las de Joshua Chamberlain, pero lo que está en juego es exactamente lo mismo. Llega el momento en la vida de toda persona cuando se requiere una decisión. Y esa decisión, si la toma, tendrá un efecto de largo alcance en las generaciones que aún no han nacido. Hay un hilo muy fino que sale de usted y se entreteje en cientos de miles de vidas. Su ejemplo, sus acciones y sí, aun una sola decisión que usted tome literalmente *cambiará* el mundo.

"Una decisión… de ir a la carga". Hizo una pausa. "Así que tómela. Cambie su vida. Cambie el futuro de su familia. Cambie el mundo. A la carga". La audiencia no respiraba. El hombre alto los miraba fijamente. Con una voz más suave, dijo: "A la carga". Otra vez una pausa, entonces un suspiro: "A la carga".

Durante lo que pareció una eternidad, pero que en realidad debe haber sido sólo varios segundos, nadie se movió. Entonces en una explosión de sonidos tan súbitos como ensordecedores, miles se levantaron al unísono, no sólo dando vítores a ese hombre que había traído un mensaje instructivo y de esperanza, sino celebrando también su propio futuro. El aplauso continuó y continuó hasta que el orador, a quien David había visto desaparecer en la entrada del túnel, regresó al escenario. Este agitó el brazo, reconociendo su aprecio. David sonrió mientras las cejas del hombre se elevaban en aparente sorpresa por la intensidad de la ovación. El orador saludó de nuevo a la audiencia volviéndose en todas direcciones y entonces se marchó rápidamente.

Hubo unos breves anuncios por el sistema de altoparlantes, pero la velada, aparentemente, había terminado. David se paró a un lado mientras las filas de hombres y mujeres salían. Miró cuidadosamente sus rostros y vio determinación, lágrimas de reconocimiento y alivio, y una paz que sólo puede provenir de la certidumbre.

En menos de treinta minutos, la arena estaba vacía. Tras una última mirada, David entró al túnel, encontró una salida y caminó hacia la fría noche.

Caminando por la acera sin un destino determinado, David observó las rojas luces traseras de los automóviles mientras maniobraban buscando salir del estacionamiento. Otra vez miró a la silueta de la ciudad, tan familiar y con todo tan diferente. Se le ocurrió a David mientras caminaba que no tenía idea alguna de cuál sería su próximo paso. *¿Se supone que me encuentre con alguien más?*, se preguntó. *¿Que busque algo? ¿Que vaya a algún lugar?*

Sin ningún propósito predeterminado, David se apartó de la acera y entró al estacionamiento. El aire de la noche era claro, y aunque tenía frío, se sentía bien físicamente. *De hecho*, pensó David, *nunca me he sentido mejor*. Recorrió con la mirada el amplio espacio vacío, el negro asfalto y las líneas blancas que parecían extenderse sin límites.

El evento había terminado ya hacía más de una hora y todos los automóviles habían partido, todos excepto uno. Allí, a unos sesenta o setenta metros frente a él, junto a un árbol, había un automóvil. David sacudió la cabeza y caminó directamente hacia él. El vehículo le era muy familiar. Pequeño, en su mayor parte de un plateado desteñido excepto por el guardafango derecho, que era negro. Era su Dodge Colt de dos puertas. "Ay, ay", dijo David en voz alta mientras se acercaba. "Y apuesto que el calentador y las luces del freno *todavía* no funcionan".

El automóvil estaba abierto y no se sorprendió cuando vio que las llaves estaban en el encendido. David entró al pequeño vehículo y observó la chaqueta negra que había dejado en el asiento trasero… ¿cuándo? ¿Esta mañana? Era muy confuso pensar en ello. Hizo girar la llave y el pequeño motor cobró vida. David levantó la mano al protector de sol, y sí, allí estaba su reloj con la barata banda dorada alrededor de su billetera. "¡Oh!", dijo y sonrió mientras se colocaba el reloj en la muñeca y ponía la billetera en el asiento del pasajero junto a él.

¿Así que hacia dónde voy?, pensó mientras el motor del automóvil continuaba encendido. Mirando a su alrededor, vio que el bello rascacielos blanco que había observado antes estaba perfectamente encuadrado en la ventana posterior derecha. "Está bien", dijo David suavemente mientras tomaba la palanca de cambios y hacía marchar el vehículo.

Dio una serie de vueltas para salir del estacionamiento y pronto se dirigía en la dirección general de la torre blanca. De vez en cuando, David la veía aparecer de nuevo entre otros edificios o entre árboles. Era fácil de localizar. Después de todo, era el edificio más alto de la ciudad.

Cuando encontró la última calle que conducía al objeto de su breve búsqueda, David detuvo el automóvil. Miró la señal de la calle pero no estaba seguro de creer lo que veía. Echó un vistazo a su alrededor. Era más de la medianoche. A esa hora ya no había otros automóviles en los alrededores, de manera que abrió la puerta y salió. Caminó rápidamente hasta la esquina y observó de cerca la señal. Silenciosamente, se dio vuelta y regresó al vehículo. Lo echó a andar, suspiró profundamente y dobló a la derecha en el boulevard David Ponder.

Allí, directamente frente a él, estaba el enorme edificio blanco. Los robles se alineaban a ambos lados del boulevard, y al acercarse, David se maravilló de una majestuosa fuente que lanzaba agua hacia lo alto cerca de la entrada principal. Se sentía incapaz de apartar la vista de la joya arquitectónica, y cuando llegó a ella, simplemente detuvo el automóvil al lado de la acera y salió.

David caminó lentamente a lo largo de un espacio abierto de mármol grisáceo. Este cubría un área de por lo menos treinta metros desde la calle y estaba situado alrededor de toda la circunferencia de la estructura. De noche, a causa del reflejo del edificio y sus luces exteriores, la oscura piedra se veía como si estuviera mojada.

Se dirigió hacia una serie de cinco puertas giratorias en la entrada principal. Estaban cerradas. Moviéndose hacia la derecha, puso su rostro contra el vidrio y miró adentro, sosteniendo las manos alrededor de los ojos para evitar el fulgor.

Todo el piso principal parecía ser un área de recepción, un vestíbulo, cubierto con su propia cúpula que llegaba aproximadamente hasta el quinto nivel. Enormes palmeras, de por lo menos ocho metros de altura, crecían en colosales macetas. Estaban situadas entre las puertas de seis elevadores de vidrio, todos detenidos en el piso inferior, esperando por sus pasajeros matutinos.

Grandes tapices colgaban sobre las paredes desde el techo hasta la opulenta alfombra abajo. El adorno central, en medio de este vestíbulo espectacular, era una cascada de agua de más de doce metros construida de un solo bloque de granito. El agua caía en un estanque que rodeaba el pozo de los ascensores y terminaba al pie de una un gran mostrador que parecía requerir de seis a diez recepcionistas. Grabadas en la piedra, sobre el frente del escritorio que daba a la entrada, estaban las palabras: PONDER INTERNACIONAL.

David se apartó del cristal. No estaba realmente sorprendido. Emocionado sí, pero no sorprendido. Comenzaba a captar la realidad de su exitoso futuro. Hay un hilo muy fino que sale de usted y se entreteje en cientos de miles de vidas, recordó David. *Bien*, pensó, *hay unas cuantas de esas vidas que trabajan en este edificio.*

David retornó a su automóvil, haciendo una breve parada junto a la fuente. En una señal que estaba allí se leía: "Las monedas donadas en esta fuente se usan para ayudar a los Jardines Zoológicos Jenny Ponder en la ciudad de Dallas". Sonrió y se dirigió a su automóvil.

Durante un rato, David manejó sin un rumbo determinado y encontró las calles casi vacías y la ciudad muy tranquila.

Al llegar cerca de la carretera interestatal, sin en realidad pensarlo, entró a la autopista. Manejó durante más de una hora sin un destino fijo. Emocionado, observó el Hospital Infantil Ellen Ponder desde un paso a desnivel y se detuvo en su estacionamiento durante varios minutos.

David pasó por el edificio vacío y entablado que había sido la Ferretería de Marshall. Aparentemente, había estado cerrado por años. Como guiado por un piloto automático, se dirigió hacia su antiguo barrio y vio el nombre "McClain" en su viejo buzón. Los cerezos que él y Jenny habían sembrado junto a la casa habían crecido hasta la altura del techo.

Vio la iglesia a la que asistían, pasó por donde estaba la escuela primaria de Jenny, y notó con un movimiento de cabeza que la planta química donde había trabajado durante tantos años había cambiado otra vez de dueño.

Poco después, sin propósito específico, David se encontró de regreso en la carretera interestatal en dirección a la ciudad. Era, lo sabía, un hombre muy diferente. Cuando tomó la salida de Grayton, solo estaba vagamente consciente de que había estado antes allí. En su mente daban vuelta pensamientos sobre Truman y sus penetrantes ojos azules. Echó un vistazo al velocímetro. Leyó ciento diez. Recordó el trono de Salomón y sonrió levemente. ¡El rey había dicho que era solamente una silla!

No había ningún otro vehículo a la vista. Las luces delanteras del pequeño automóvil hacían desaparecer la oscuridad como el fuego de cañón sobre la cima de aquella colina en Pensilvania. Apretó con más fuerza el acelerador y vio certidumbre en el rostro de un capitán de barco

mientras el hombre observaba el horizonte. Ciento veinte… ciento treinta. Ana. Esa dulce y querida niña. "Papá
dice que el miedo es un pobre cincel con el que labrar el
mañana".

Mientras volaba sobre colinas y curvas, David se olvidó de
la velocidad a la que iba. *Hablé con Abraham Lincoln*, pensó.
Él habló conmigo. "El secreto del perdón no cuesta nada y vale
millones". La mente de David corría a un ritmo furioso. "Eres
el último viajero", le dijo el ángel. "Se te ha concedido un regalo que tiene el poder de cambiar tu civilización. De este
momento en adelante todo dependerá de ti".

En ese instante, el destino de David Ponder se cruzó con un
puente lleno de hielo. El puente, que estaba sobre un pequeño
riachuelo, no tenía más de quince metros de largo, pero su capa
de hielo oscuro envió al automóvil que corría a toda velocidad a
dar vueltas. Las ruedas chirriaron y el automóvil rebotó sobre la
barrera protectora al cruzar el pequeño puente, y David se dio
cuenta de que aún estaba sobre la autopista.

Algo interesante, David no luchó desesperadamente por
mantener el control mientras el automóvil patinaba de lado a
lado y por último daba un viraje brusco fuera del camino.
Observó desarrollarse la escena desde el interior del vehículo
como en cámara lenta. Quería recordar todo, especialmente
mientras el automóvil daba vueltas fuera de control y se dirigía
hacia un roble gigantesco. Con lo que le quedaba de concien-
cia, David se agarró del volante y cerró los ojos. Escuchó al orador en la arena decir: "Hasta que haya logrado lo que se le envió
a hacer en la tierra, ¡no será —no podrá— ser herido!"

Y entonces… nada.

ONCE

¿CARIÑO? ¿DAVID?" LA VISIÓN DE DAVID ESTABA BORROSA mientras trataba de divisar la persona que tenía delante. "David, soy Ellen. ¿Puedes oírme?"

David escuchó otra voz, un hombre. "Puede que esto tome algún tiempo, señora Ponder". Todos sonaban muy lejos.

"Papá, te quiero". ¿Jenny?

"David. Soy Ellen. Amor mío, estoy aquí".

David sintió la mano de su esposa sobre su cara mientras sus ojos divisaban algo. Podía ver ahora su mano y su rostro. Su bello rostro. "Ellen", se las arregló para balbucear. Ay, ¡le dolía tanto la cabeza! "Ellen", dijo otra vez y trató de tocarla.

"Estoy aquí, cariño", dijo ella mientras le tomaba el brazo. "Por favor, no te muevas". A ella le rodaban las lágrimas por el rostro. "David, has tenido un accidente. Estás en el hospital".

"No llores", balbuceó David. "Vamos a estar bien". Comenzó a sentarse.

Amablemente, Ellen lo obligó a recostarse. "Sí, cariño", dijo. "Vas a ponerte bien, pero tienes una contusión. David, por favor, quédate quieto".

Su visión y su audición parecían ir y venir, más lejos y más cerca, más bajo y más alto. "No", dijo haciendo un esfuerzo. "No quiero decir yo. Quiero decir nosotros. Vamos a estar bien, nuestra familia. ¿Dónde está Jenny?"

"Está aquí".

"Estoy aquí, papá", dijo ella acercándose a la cama. "Te quiero mucho".

"Yo también te quiero. ¿Cómo tienes la garganta?"

"Me duele un poco, pero no mucho".

David levantó el brazo para tocar el sedoso cabello de su hija. "Vamos a hacerte la operación, querida. Te lo prometo. ¿Ellen?" Pronunció el nombre de su esposa más alto de lo que intentaba y sobresaltó a todos en la habitación.

"Estoy aquí, David. Estoy aquí mismo". Ella todavía sostenía su mano y no se había movido de su lado.

"Ellen, vamos a estar bien. Ahora sé algunas cosas. Fui a lugares que…".

Y de pronto, se despertó. En una cuestión de varios segundos, la cabeza de David se aclaró y su visión se hizo más aguda. Miró a su alrededor y, al ver a su esposa, a su hija, y a un hombre bajo con una bata blanca muy cerca de él, preguntó: "¿Dónde estoy?"

"Estás en el hospital, cariño", contestó Ellen. "Tuviste un accidente".

"¿Estoy…?"

"Usted se recuperará, señor Ponder". El hombre se adelantó.

"Soy el doctor Green. Usted es un hombre afortunado, señor".

"Choqué contra un árbol".

"Sí", le dijo el doctor; "y en realidad, esa es una señal muy importante en nuestro favor, el hecho de que usted recuerde algo. Sufrió una severa concusión. ¿Recuerda algo más?"

"Estuve en el estadio".

Ellen frunció las cejas. "No, querido", dijo ella. "Estabas en el trabajo. David, ¿por qué estabas tan lejos del pueblo?"

El doctor colocó la mano sobre el hombro de ella. "Señora Ponder", la interrumpió, "habrá unos cuantas ideas descabelladas durante un tiempo. Sueños confusos, conversaciones fuera de lugar". Le sonrió a David y se encogió de hombros. "Fue un golpe muy fuerte que se dio en la cabeza, pero con todo, puedo decir sinceramente que nunca había visto algo así. El cráneo no está fracturado. Los paramédicos que lo trajeron dijeron que usted había sido lanzado del automóvil, y hasta el momento, a no ser por la contusión, no hemos encontrado ni siquiera un hueso roto. Sí, señor. Digo que usted es un hombre extremadamente afortunado".

Mientras el médico seguía hablando sobre lo que se debía esperar mientras sanaba y de cuáles medicamentos se le recetarían, y sobre cómo y durante cuánto tiempo podía prever que estaría en el hospital, David observaba a su esposa y a su hija. Era un hombre afortunado, lo sabía, pero un curioso desaliento lo envolvía como una neblina. Un sueño. Todo ha sido un sueño. Un confuso sueño lo ha llamado el doctor.

"...y como es natural, en este momento nos ocupamos de estas cosas", el doctor terminaba. "Así que, ¿por qué no nos vamos un rato y dejamos descansar un poco a tu papá?", le dijo a Jenny.

"Voy a llevar a Jenny a casa, cariño" dijo Ellen. "Mamá y papá han venido para ayudarnos, así que están en casa. Tan pronto como la deje, regreso". Ellen besó con cuidado a David sobre la mejilla y se volvió para salir. "Te amo", añadió.

David vio que el doctor ya había abandonado la habitación. Una lágrima rodó por su mejilla. "Yo te amo también, Ellen. Siento mucho todo esto".

Ella regresó a la cama y se puso de manera que pudiera mirarlo directamente a los ojos. "David, no tienes que sentir pesar por nada. Jenny y yo te amamos y confiamos en ti y queremos que regreses a casa. ¿Recuerdas haberme dicho hace algunos minutos que nuestra familia iba a estar bien?" Ella sonrió. "Pues bien, tenías razón".

David yacía solo en la pequeña habitación de hospital. Ellen lo había besado otra vez antes de irse. Él escuchó el sonido de sus tacones y el chirriar de los zapatos de goma de Jenny perderse por el pasillo. *Un sueño*, pensó. Suspiró profundamente.

No tenía sueño. El cuerpo le temblaba y todavía le dolía la cabeza, pero no tenía sueño. Miró al lavamanos que estaba al lado de la cama para descubrir la fuente de una silenciosa señal electrónica. Era algún tipo de monitor. Al otro lado de la cama, serpenteaba un tubo desde una bolsa plástica de una solución colgada de un mástil hasta su brazo, donde, David estaba seguro, una aguja manufacturada para algún gran animal le había sido erróneamente insertada.

Había una pequeña cama en la esquina. ¿Habría estado Ellen durmiendo allí? ¿Qué tiempo habría estado él aquí? En la pared frente a él estaba instalado un televisor. Había una puerta adicional que llevaba a lo que asumió era el baño, y excepto por una silla que se hallaba debajo del televisor, eso era todo. *No hay nada que ver*, pensó. De manera que decidió mirar hacia el techo.

Todo le había parecido tan real. ¡Había estado allí! *Sabía* que había estado en Postdam. Había estado en Ámsterdam y con Colón en la *Santa María*. No había estado en un accidente de automóvil, ¡había estado en dos! Pero sabía que nadie lo creería nunca, y teniendo en cuenta aquello que lo rodeaba, no estaba seguro de que él mismo lo creyera.

De todas formas, pensó David, *no fue la experiencia lo importante, ¿o lo fue? ¿Qué aprendí? Aun si hubiera sido un sueño, ¿tendrían menos valor las Siete Decisiones para alcanzar el éxito?* David sonrió cuando se dio cuenta de que concentrándose solo un poco, podía recordar las frases clave y la filosofía básica de cada principio.

Ante la desconfianza de que pudiera recordarlas por mucho tiempo, David encontró una pluma y una libreta de notas sobre la pequeña mesa que estaba a su lado. Se sentó y escribió:

1. Asumo la responsabilidad de mi pasado. Soy responsable de mi pasado y mi futuro.

2. Buscaré la sabiduría. Seré siervo de otros.

3. Soy una persona de acción. Aprovecho el momento. Decido ahora.

4. Tengo un corazón decidido. Mi destino está asegurado.

5. Hoy decidiré ser feliz. Soy el poseedor de un espíritu agradecido.

6. Saludaré este día con un espíritu de perdón. Me perdonaré a mí mismo.

7. Perseveraré sin hacer excepciones. Soy una persona de mucha fe.

David releyó lo que había escrito y asintió con la cabeza. Estaba cansado. Seguiría trabajando en esto más tarde, recordaría más entonces. Colocó la pluma y el papel sobre la mesa a su lado. David intentaría reconstruir cada decisión y confiarla a su corazón como Gabriel le había dicho que hiciera. Respiró profundamente, expulsó el aire y rectificó... como había soñado que Gabriel le había dicho que hiciera.

No importa, pensó David mientras miraba al techo. *Mi familia estará bien. Nuestro futuro está asegurado. Yo haré que así sea.* La granulada superficie del techo, que reflejaba pequeños puntos de luz, le recordó a David las estrellas. Cerró los ojos. Después de todo, quizás tenía sueño.

Justo cuando estaba a punto de dormirse, David escuchó el leve sonido de una puerta que se abría. Entró una enfermera. "Lo siento mucho", dijo ella. "No quise despertarlo".

"No hay problema", dijo David, "en realidad no estaba dormido".

"Entonces siga descansando", dijo ella amablemente. "Dejaré esto aquí y me marcharé". Tenía una bolsa oscura de plástico en la mano y se movió para colocarla en la silla.

"¿Qué es eso?", le preguntó David.

"Sus efectos personales. La billetera y otras cosas. Zapatos. Todo lo que usted llevaba cuando tuvo el accidente. Lo trajeron de la sala de emergencia".

"¿Podría poner la bolsa aquí, por favor?", le preguntó David. "Me gustaría ponerme el reloj".

"Sí", le dijo la enfermera mientras colocaba la bolsa al borde de la cama de David. "Y su reloj está aquí", sonrió. "Tenemos que inventariarlo todo, sabe, y yo misma lo vi".

"Gracias", dijo David mientras ella abandonaba la habitación.

David abrió la bolsa y sacó sus zapatos. Sus medias estaban metidas en uno y su ropa interior en el otro. Los zapatos estaban encima de la gruesa camisa y de sus pantalones vaquero, que alguien había doblado cuidadosamente. David dejó caer los zapatos y la ropa al suelo al otro lado de la cama.

El anillo de casamiento de David se había salido de las ropas y descansaba sobre la blanca sábana. Se lo colocó en el dedo y volvió a meter la mano en la bolsa en busca de su reloj, lo encontró, y extendió la banda sobre su muñeca. Su llavero estaba en el bolso. Y su billetera. *¿No estaba mi billetera en el asiento a mi lado?* David trató de recordar. *Ah, bien, pensó. Gracias que alguien la sacó del automóvil.* Puso la billetera sobre la mesa.

Al levantar la bolsa de plástico para sacarla de la cama, David sintió un leve peso. Pensando que se le había olvidado algo, se detuvo y la abrió de nuevo. Al principio, no vio nada. Pero ahí, trabado en una esquina, había un pequeño objeto oscuro, casi del color de la bolsa de plástico.

Sin atreverse apenas a respirar, David sintió latir su corazón mientras metía la mano por los pliegues del plástico y sacaba una pequeña bolsa de tabaco. Sus ojos se llenaron de lágrimas cuando la alzó a la luz.

Era azul marino y había sido cosida de un paño fuerte, pero el duro trato recibido había desgastado el material hasta hacerlo muy suave. Estaba maltratada y raída, pero todavía era hermosa, suntuosa en cierto sentido, la posesión de un oficial. Los dos botones dorados que cerraban la solapa eran de metal, tallados con la imagen de un águila. Y allí, encima de los botones, bordados sobre la solapa, había espadas cruzadas, el símbolo de un luchador.

RECONOCIMIENTOS

QUISIERA AGRADECER A POLLY, MI ESPOSA Y MEJOR AMIGA, POR la paciencia mostrada durante mis interminables conversaciones acerca de este proyecto; a David Brokaw por su apoyo y por creer en mí; a Scott Jeffrey por sus creativas estrategias de presentación; a Mike Hyatt, Pamela Clements, Blythe McIntosh y al equipo de Thomas Nelson quienes no solo hicieron un contrato para un libro ¡sino que captaron una visión! Gracias a Jenny Baumgartner por sus habilidades de edición y ¡el trato amable que me mostró mientras editaba! Un profundo agradecimiento a Belinda Bass por el tiempo extra y el cuidado que se tomó en diseñar la portada de este libro.

Un agradecimiento especial a Sandi Dorff, Isabel García, Alex McCurley, Susie White, Paula Tebbe y Julie Plato, quienes con su apoyo hicieron posible este libro. Y finalmente, un agradecimiento especial a Danita Allen, quien moldeó esta historia y mis palabras desde el principio.

BIBLIOGRAFÍA

America's Civil War. Leesburg, VA: Primedia Enthusiast Publications History Group, enero, 1999.

Becker, Walt. *Link*. New York: William Morrow and Company, Inc. NY, 1998.

Chamberlain, Joshua Lawrence. *Bayonet Forward, My Civil War Reminiscences*. Gettysburg, PA: Stan Clark Military Books, 1994.

Chamberlain, Joshua Lawrence. *Through Blood and Fire at Gettysburg*. Gettysburg, PA: Stan Clark Military Books, 1994.

Compton's Interactive Encyclopedia. Cambridge, MA: The Learning Company.

Desjardin, Thomas A. *Stand Firm Ye Boys From Maine*. Gettysburg, PA: Thomas Publications, 1995.

Dyson, John. *Westward with Columbus*. New York: Simon and Schuster, Inc. New York: 1991.

Encarta. Redmond, Washington: Microsoft Corporation, 1997.

Frank, Anne. *The Diary of a Young Girl*. New York: Doubleday, 1995.

Gies, Miep. *Anne Frank Remembered*. New York: Simon and Schuster, Inc., 1987.

Hobson, Alan. *One Step Beyond*. Banff Alberta Canada: Altitude Publishing, 1992.

Mason, John. *An Enemy Called Average*. Tulsa, OK: John Mason, 1990.

Mason, John. *Conquering an Enemy Called Average*. Tulsa, OK: Insight International, 1996.

Mason, John L. *You're Born an Original Don't Die a Copy*. Altamonte Springs, FL: Insight International, 1993.

McCullough, David. *Truman*. New York: Simon and Schuster, Inc., 1992.

Muller, Melissa. *Anne Frank—the Biography*. New York: Henry Holt and Company, 1998.

Persico, Joseph E. *My Enemy My Brother, Men and Days of Gettysburg*. New York: Macmillan Publishing Company, 1977.

Phillips, Donald T. *Lincoln On Leadership*. New York: Warner Books, 1992.

Pullen, John J. *The Twentieth Maine*. Dayton, OH: Morningside House, Inc., 1957.

Shaara, Michael. *The Killer Angels*. New York: The Ballantine Publishing Group, 1974.

The Living Bible. Wheaton, IL: Tyndale House Publishers, Inc., 1971.

Wills, Garry. *Lincoln at Gettysburg, The Words That Remade America*. New York: Touchstone, 1992.

World Book Encyclopedia. Chicago, IL: World Book, Inc., 1993.

ACERCA DEL AUTOR

ANDY ANDREWS ES COMEDIANTE, AUTOR, UN ORADOR INSPIRA-
CIONAL, además de animador de corporaciones, una celebridad de la
televisión y un serio pescador. Ha actuado en vivo para cuatro presiden-
tes de los Estados Unidos y ha recibido reseñas extraordinarias en Las
Vegas, en convenciones y en salones de concierto a través de los Estados
Unidos.

Como autor, escribió los éxitos de librería de la serie *Storms of Perfection*
(Tormentas de Perfección), que ofrecen las historias de triunfo sobre la adversidad en las vidas de más de 250 personas exitosas. Andy es también autor de *Tales from Sawyerton Springs* (Cuentos de Sawyerton Springs), una
colección de historias breves, y una serie de libros para niños.

La meta fundamental de Andy, según él confiesa, es influir sobre la gente de manera positiva por medio de sus presentaciones, grabaciones y escritos, ¡y eso es lo que hace!

Para comprar otros productos de Andy, o suscribirse GRATUITAMENTE
al boletín electrónico de Andy, visite el siguiente sitio en la Internet:

www.AndyAndrews.com

Para contratar un programa, por favor, póngase en contacto con Andy
en la siguiente dirección:

Andy Andrews
P.O. Box 17321
Nashville, TN 37217
(800) 726-ANDY

info@AndyAndrews.com